Comunicación

Utilice este manual de fomento de la confianza paso a paso para superar la timidez

(Aumentar lazos y fomentar relaciones de confianza)

Abderrahim De-Diego

Tabla De Contenidos

Pense En Lo Que Dices Antes De Hablar. 1

Tener Valor 35

Tómese El Tiempo Para Hablar Con Alguien En Persona. 38

La Comunicación Aumenta La Competitividad Al Catalizar El Conocimiento. 41

La Comunicación Interna Y Externa Son Igualmente Importantes..67

Parte Dos: Barriers To Communication.............84

Los Pecados Capitales De La Comunicación Docente Basada En Las Tic................................... 105

Necesitamos Capacitar Nuestras Percepciones 113

Un Observador Competente 116

Las Políticas De Comunicación Del Gobierno Están En Un Proceso De Largo Aliento. 124

Componente Fundamental De La Comunicación 132

La Corrupción De La Comunicación De Acero 141

¿Qué Significa La Comunicación Y Por Qué Es Importante? 150

Pense En Lo Que Dices Antes De Hablar.

Joaquín Sabina dijo en una de sus canciones: "Por decir lo que pienso sin pensar lo que digo me dieron más de un beso y más de un bofetón".

Se supone que es obvio pensar antes de hablar, pero ¿cuántos de nosotros lo hacemos conscientemente?

Claro que consideraremos lo que estamos hablando, pero la mayoría de nosotros no lo hacemos como lo explico en este capítulo.

¿Es lo que realmente queríamos decir cuando hablamos? ¿Es lo que quiero que interprete la otra persona? ¿Es verdad lo que dijimos?

Parece que el proceso de transmitir un mensaje, ya sea hablado o escrito, es más complejo de lo que parece. Una de las razones de esta complejidad es que no tenemos control sobre una parte del proceso.

Imaginemos que lanzas una piedra para darle an un árbol. Coge la piedra que más te atrae por su forma y peso, la apuntas y la lanzas hacia el árbol. Aunque puedes darle, no lo toques. Cuando la piedra sale de tu mano, ya no tienes control sobre ella. Aunque tu fuerza y puntería influirán en cómo alcanzar tu objetivo, también hay otros factores que pueden hacer que la piedra se desvíe. Una fuerte racha de viento o alguien que se cruza por delante pueden escapar a nuestro control y hacer que no demos en la diana.

Cuando hablamos o enviamos un mensaje, ocurre algo similar. Ya no tenemos control sobre el mensaje enviado cuando nuestras palabras salen de nuestra boca o pulsamos la tecla "enviar". Sabemos lo que dijimos y lo que queríamos decir. No tenemos control sobre lo que escuchará o leerá la otra persona, y lo que es más importante, no sabemos lo que interpretarán.

Imaginemos invitando an un amigo a ver una película en casa. Mientras él se acomoda en el sofá, nos dirigimos a la cocina para preparar una cena. En un momento dado, le gritamos desde la cocina: "¡Pon la mesa!" Salimos de la cocina diez minutos después y vemos que nuestro amigo está viendo la televisión y todo sigue igual. Le preguntamos: "¿Por qué no has puesto la mesa?" Responde diciendo que no tenía idea de dónde deseaba colocarla. No puedo comprenderte.

En nuestra mente, lo que queríamos decir al pedir a nuestro amigo que pusiera la mesa estaba muy claro. Estábamos visualizando claramente la mesa, el mantel, los cubiertos, los platos, las servilletas, la panera y la jarra de agua en nuestra mente. Sin embargo, nuestro mensaje no incluía todas esas cosas.

Solo dijimos "pon la mesa". Es algo que es completamente evidente para nosotros. No hay errores en la interpretación. Sin embargo, para nuestro amigo no era tan evidente. Primero, él no llama an esta acción en particular "poner la mesa" (mapa mental). En segundo lugar, está viendo la televisión mientras no está prestando atención an otra cosa (ruido). En tercer lugar, al escuchar y escuchar "por la mesa", se ha fijado en la mesa grande que está al otro lado de la habitación en lugar de la pequeña que tiene delante, creyendo que se podría colocar la mesa más cerca de la televisión para ver la película más cómodamente mientras cena. A pesar de pensar en todo lo anterior, no tiene muy claro dónde se podría poner la mesa, y como la casa no es suya, lo que está viendo en la televisión es interesante y an él realmente le da igual, decide no hacer nada y esperar a preguntar dónde quieres poner la mesa.

¿Crees que este ejemplo es exagerado? Lo acepto, está bien. Con el fin de que comprendas el concepto, he forzado un poco la situación. Sin embargo, errores de interpretación similares ocurren a diario. En ocasiones, las repercusiones no tendrán relevancia. En otras situaciones, puede ser la razón detrás de una disputa.

Si hay un lugar donde se puede confiar en este proceso, ese lugar es el mundo profesional. Sobre todo si parte de nuestro trabajo es administrar personas y tenemos que dar órdenes, instrucciones, explicaciones, peticiones o consultas. Debemos ser precavidos en todos los aspectos de nuestra vida, pero especialmente en el ámbito profesional.

¿Qué debemos hacer para evitar confusiones?

Considere lo que quieres expresar.

Parece tonto, pero es importante pensar en lo que quieres decir y cómo quieres que se interprete antes de hablar. Considere la idea que desea transmitir. Cuanto más sencillo y sencillo mejor.

Pensa en cómo lo dirás.

Considere a la persona a la que estás hablando (su mapa mental). Seleccione las palabras apropiadas. ¿Le dirás eso en persona? ¿Es algo de urgencia? ¿Es un subordinado o un superior? ¿Tienes fe en él o ella? ¿Será hablado o escrito? ¿Un correo electrónico o una nota?

Pensa en dónde y cuándo se lo dirás.

Ten en cuenta el "ruido" potencial. ¿En qué lugar y en qué momento se lo comunicarás? ¿Está en una reunión? ¿En su lugar de trabajo? ¿En el suyo? ¿A la hora del almuerzo? ¿En el momento del descanso? ¿Serán solos? ¿Habrá alguien cerca? ¿En persona o a través del teléfono?

Parece algo complicado, pero es una cuestión de aplicación práctica, como todo en la vida.

La siguiente es la forma en que funciona la comunicación. En primer lugar, esto es lo que queremos expresar. Sin embargo, eso es lo que estamos pensando en ese momento. Luego está lo que realmente decimos y cómo lo decimos. Luego escucha lo que la otra persona oye. Después, lo que oye sobre lo que escucha. Finalmente, lo que interpreta.

Lo que queremos expresar
Lo que creemos
Lo que expresamos
Lo que escucha, lo que escucha y lo que interpreta

Tenemos control sobre las tres primeras partes. No tenemos información sobre las tres segundas, pero sí podemos trabajarlas y preverlas para reducir los errores.

Lo que queremos expresar

Es el concepto que queremos comunicar, la orden, la petición, la sugerencia, la consulta o simplemente un comentario sobre algo. Queremos que la otra persona interprete eso.

Lo que creemos

Es la imagen mental que creamos de esa idea. La distorsión de esta imagen es posible.
Imagina que debemos pedirle an un superior algo. No tenemos confianza en esa persona y creemos que también no le caemos bien. El mensaje que queremos transmitir puede verse distorsionado por esta representación de la situación. Tal vez se debe a que no sabemos cómo expresarlo o no nos atrevemos a hacerlo.

Igualmente, si tenemos que dar una orden an un miembro de nuestro equipo y sabemos que no le gustará lo que le digamos, lo haremos.

Imaginar la situación puede distorsionar el mensaje porque, al intentar suavizarlo pensando en la posible reacción de la otra persona, no le decimos exactamente lo que queríamos decirle o nuestro mensaje es poco claro con la consiguiente interpretación equivocada.

Lo que expresamos

Es el mensaje que escribimos o que salió de nuestra boca. Antes de hablar, pero especialmente antes de enviar el correo electrónico, verifique si está transmitiendo el mensaje que desea.

La escucha de la otra persona

Es lo que recibe la otra persona. Si es por correo electrónico, la situación es más clara. Si es una conversación, puede haber interrupciones o demasiado "ruido" de fondo. Por lo tanto, es crucial elegir cuidadosamente el momento y el lugar para transmitir nuestro mensaje.

Lo que parece escuchar

De todo lo que ha escuchado, esta es la parte con la que se queda. Incluso si es un correo electrónico, puede estar mal redactado. Es posible que el destinatario del mensaje esté ocupado con otra cosa, como contestar al teléfono o que alguien lo interrumpa mientras lo lee. Es muy probable que se quede con solo una parte del mensaje en cualquiera de estas circunstancias.

Tenemos que asegurarnos de que nos preste atención si es en persona. Evite cualquier distracción. Elegir bien cuándo y dónde hacerlo para reducir el "ruido" potencial que tenemos a nuestro alrededor lo que representa

Nuestro interlocutor cree esto después de escuchar el mensaje. Se queda con la parte de lo que ha escuchado. Aquí es donde su "mapa" entra en juego. El punto de vista, la cultura, la educación o el estado de ánimo de una persona pueden hacer que la interpretación sea diferente a lo que esperábamos.
Recuerda que lo que interpreta debe ser idéntico a lo que queríamos decir para terminar el ciclo.

Es crucial que verifiquemos si han entendido nuestro mensaje de acuerdo con todo lo mencionado anteriormente. Debemos buscar comentarios, y podemos hacerlo con una pregunta sencilla para asegurarnos de que nos han entendido correctamente. Nos ahorraríamos muchos problemas si nos habituásemos a realizar esta pequeña comprobación.

Ya tienes algo más que hacer. Nos están acumulando tarea. Todo tiene una conexión, como ya has visto. El "mapa mental", el "ruido" y ahora cómo reducir las posibles confusiones.

"Dar el tono" en el diseño corporativo: un desafío para la identidad corporativa y el diseño de marca

Norberto Chaves, originario de Argentina.

En las discusiones sobre la comunicación social, el enfoque en la persuasión es el más predominante y, en ocasiones, se considera que su función principal es casi la única. Esto afecta negativamente otras funciones que son esenciales e incluso contribuyen a la eficacia persuasiva.

Debido a la disminución de lo persuasivo, el instrumental conceptual generalmente se enfoca en las vías de incidencia sobre el destinatario, como la empatía, la proximidad, la seducción, la emotividad y la subliminalidad. conceptos que parecen ser suficientes para tener éxito en la comunicación. Para lograr esto, el receptor, real o ficticio, es examinado a través de una variedad de métodos con el fin de identificar su "Punto G".

Obviamente, esta atención al destinatario no es sin fines de lucro; tiene al menos dos raíces, una universal y otra particular. El propósito de todos los mensajes en la comunicación humana es cambiar la conciencia y/o el comportamiento del receptor. Nadie habla para que su interlocutor se mantenga intacto después de recibir un mensaje. Incluso la comunicación más informativa altera al destinatario. Y ese es su propósito.

En la sociedad basada en el mercado de oferta, se destaca la importancia de la persuasión. Todo lo que se comunica es una herramienta para atraer a la audiencia, la clientela, los inversores y los electores. La democracia popular ofrece una amplia gama de opciones. Por lo tanto, la comunicación social se convierte en una herramienta para el marketing.

Pero...

No es suficiente conocer al objetivo y descubrir su "Punto G" para convencerlo; la comunicación es una transacción entre dos personas, incluso si uno de ellos está en silencio. Aunque el receptor considera el mensaje que recibe, también considera al emisor. El receptor, a pesar de tener menos herramientas, también monitorea al emisor y analiza principalmente sus razones para comunicarse con él. La principal clave para decodificar el mensaje es la identidad del emisor.

El mito de la "identificación con el objetivo", una transposición de la demagogia básica al discurso comercial, es una de las contribuciones más efectivas del marketing inocente al fracaso de la comunicación. Todo discurso engaña al destinatario, pero solo cuando se oculta logra el éxito. La receta de la identificación con el objetivo funciona. Imitar an un niño es lo peor que puedo hacer para atraer su atención. La comunicación se basa en lo opuesto, en la alteridad. Acepto un mensaje porque proviene de otra persona.

El receptor se fija en "de quién viene" antes de procesar el contenido del mensaje para actuar en consecuencia. Si no lo sabe, lo imagina o lo crea. No es posible confiar en la identidad del autor del anonimato para entender su significado. El mensaje que carece de un emisor, ya sea real o ficticio, se considera otro mensaje o simplemente no es mensaje. Es esencial reconocer la autoridad de su emisor, ya sea de manera consciente o inconsciente, para creérselo y/o obedecerlo. Hablar es decir algo y, a través del mismo texto, construirse como fiable. Al menos dos cosas se mencionan en el mensaje: "Esto que te digo es válido" y "es válido porque te lo digo yo". "Yo" es el secreto de la persuasión. En otras palabras, además de las categorías que persiguen al receptor, otras categorías fortalecen al emisor, como la credibilidad, la reputación, la autoridad, la honestidad y la lealtad.

Uno de los monólogos más memorables de Shakespeare, el discurso de Marco Antonio a los romanos en el entierro de Julio César, ha sido citado repetidamente como un ejemplo de persuasión de masas. La multitud había escuchado con tranquilidad y convicción los argumentos previos de Brutus: "Lo maté no porque lo amara menos, sino porque amo más a Roma". Sin embargo, a medida que avanza la biografía de Marco Antonio, el público se inclina hacia los engaños debido a la retórica maliciosa enfocada en la incertidumbre de la "honorabilidad" del orador anterior. Marco Antonio repasa cada una de las obras del emperador fallecido, finalizando cada cita con la frase maliciosa y persuasiva: "Aunque Brutus afirmó que César tenía ambiciones..." Brutus también es un hombre honorable. ¿En qué lugar se encuentra el "Punto G" de esos romanos? Claramente, en la falta de autoridad de Brutus, se cuestiona su dignidad al reconocerla de manera irónica.

Por lo tanto, una retórica "bidimensional" es necesaria para un esfuerzo persuasivo que acredite tanto al emisor como al receptor. El objetivo estratégico de los programas de identidad corporativa es sumar señales de credibilidad de la organización, lo que demuestra claramente este esfuerzo, indispensable en todo discurso.

Identidad y "tonalidad"

En los programas de identidad corporativa, cuando se examinan los nuevos diseños (marcas, folletos, etc.), a menudo surge la incertidumbre sobre la relevancia de una gráfica, su estilo o su personalidad. El comentario: "no estamos dando el tono" aparece. El objeto que observamos no parece pertenecer a la organización que lo utilizará, es como un atuendo que no le queda bien. ¿Cómo se expresa ese "tono"? ¿Se trata de un estilo específico... ¿un discurso? Observemos un ejemplo aparentemente antiguo.

El flujo de ese río por el paisaje checo se describe en el poema sinfónico "El Moldava" de Bedrich Smetana. En un momento de su viaje cruza un valle donde se lleva a cabo una reunión de agricultores y la música imita una danza tradicional checa. El director, Pau Casals, hace repetir repetidamente ese fragmento en un ensayo grabado de la obra, el cual es interpretado por la orquesta con una gran sofisticación. Para ayudarlos a "dar el tono", Casals les dice: "más áspero, más áspero..." ¡Son agricultores!El secreto de la identificación se encuentra en eso. La danza no era solo checa, sino también cómo se tocaba. Es conveniente documentar estas dos ideas: "otorgar el tono" y "modo", ya que la identidad es principalmente una cuestión de retórica y solo en menor medida una cuestión semántica. La personalización es una cuestión de "estilo propio" más allá de la ingenuidad descriptiva, la modernización formal o la originalidad.

Analizemos ahora un ejemplo adicional que está más relacionado con nuestro tema: una publicidad de una campaña de marca. Una sesión de casting se filma con una cámara fija. En el fondo, unas jóvenes, todas muy parecidas, pasan por delante de un telón blanco y, mirando a la cámara, dicen: "Cacharel". El director de casting observa a cada uno unos segundos en primer plano, de espaldas y en la oscuridad antes de pasar al siguiente: está buscando a "la chica Cacharel". Una brillante solución creativa de la agencia de publicidad: presentar la marca a través de su autoconstrucción. La imagen monocroma destaca las formas. Los colores no obstaculizan el registro de los matices de la fisonomía y la gestualidad, ya que están ausentes.

El director le dice an una de ellas de repente: "Por favor, repita". La chica sonríe y dice "Cacharel" con la misma arrogancia que antes. La imagen permanece inalterada: la joven Cacharel ha sido descubierta.

¿Qué ha ocurrido en ese lugar? En pocas palabras, se ha creado una selección previa de mujeres que "daban la cara", basándose en un informe que reflejaba el paradigma de Cacharel. Debido an esto, todas las niñas eran muy similares en edad, altura y peso. Por ejemplo, "tipo". El director de casting trabajaba minuciosamente para encontrar a la mejor chica Cacharel entre el grupo de posibles chicas. Su mente, en los pocos segundos que dedicaba a cada una, decodificaba sin siquiera notar los signos que ellas emitían: sonrisas, miradas, poses, voz... decodificación basada en los códigos socialmente aceptados de ingenuidad, procacidad, picardía, aplomo y fragilidad. Mientras tanto, el director contrastaba esa interpretación con la personalidad de la marca Cacharel, llegando an encontrar una similitud casi total. Le solicitó que repetiera debido a sus incertidumbres. para verificar.

¿Qué le permitió lograrlo? Primero, ya que conocía perfectamente los códigos, lo que le permitía hacer una interpretación socialmente aceptable de los signos: lo que él vio en la chica se asemejaba a lo que la gente podría intuir. En segundo lugar, tenía una amplia comprensión de los aspectos auténticos de la personalidad de marca de Cacharel.

La identidad de la imagen

Cuando un diseñador gráfico elige una familia tipográfica para crear su logotipo, ocurre exactamente lo mismo en su mente. Cada fuente decodifica "tradición", "frialdad", "elegancia", "coloquialidad", "amenidad" y "severidad". y compara el resultado con el "talante" estratégico de su cliente. ¿Cuáles son las cosas que debe saber para evitar equivocarse de fuente? Muy sencillo: dominar completamente los códigos culturales "de matiz" y comprender completamente la personalidad de marca de su cliente.

La función de la marca gráfica corporativa no es imponerse al receptor, sino identificar al emisor; y solo a través de esta identificación convincente, puede influir en la persuasión del público. Se trata de una transcripción de lo verbal a lo visual: el enfoque corporativo de su dueño debe ser evidente en la imagen gráfica. La marca corporativa no es un canto de sirenas; es una marca auténtica y autenticadora. Y una empresa, incluso si produce mermelada, no es mermelada.

Para lograr esta transcripción, debe ser un experto culturalmente representativo de la sociedad en la que vive y un experto en el perfil estratégico de su cliente. un director de casting gráfico cuyo cerebro almacena la mayor cantidad posible de paradigmas, o cadenas asociativas socialmente vigentes, y registra matices de sentido en cada rasgo gráfico. Y su sensibilidad debe hacerlos actuar en el orden y combinación adecuados. El diseño es solo una práctica de invención formal a la deriva sin esa habilidad interpretativa.

La identidad y las formas de comunicación actuales del Banco Central de la República Argentina se corresponden milimétricamente con su marca actual. Antes de comenzar el diseño, los datos, por supuesto, fueron analizados y recopilados en un programa detallado y muy exhaustivo.

Al conocer la nueva marca, un diseñador famoso la criticó de inmediato, sin ninguna documentación, diciendo: "le falta originalidad... es muy tradicional. Creo firmemente que muchas personas entre los lectores comparten esta opinión. Sin embargo, en el programa no se mencionaba la originalidad de la marca, ya que era evidente que el símbolo debía ser la esfinge de la República, que ya se utilizaba, aunque mal dibujada, proveniente de la primera moneda argentina. Además, su dibujo debía coincidir con el bajorrelieve original, creado por un orfebre francés excepcional. Rubén Fontana es un excelente diseñador y dibujante excepcional.

No obstante, el crítico no observó que la cabeza de la República no está cortada como en el original, sino que toca el aro que la rodea, lo que la hace más realista, ya que implica que el cuerpo es completo.

¿Cuál es la razón detrás de la crítica? Uno de los principales prejuicios en el diseño corporativo es el reclamo de originalidad, fórmulas universales que no se derivan de necesidades identitarias sino de mandatos personales del diseñador. Formularios que componen un decálogo que podríamos denominar "principios de diseño a priori". Uno de ellos es la originalidad, aunque tal vez el más persistente.

Para identificar an una organización o empresa, es fundamental identificar los elementos clave de su simbología relevante: qué tipo de símbolo corresponde a su perfil. Para lograrlo, es necesario tener conocimiento previo de ese perfil. El Banco Central no es una empresa; es una institución financiera y un banco de bancos. Sus características distintivas son su historicidad, su relación con la moneda y su institucionalidad. Por lo tanto, no debe parecer un banco comercial y debe mantener su símbolo original, limpio de errores.

La identificación es personalización. Y personalizar no es simplemente hacer algo único, sino algo relacionado con la personalidad. La singularidad solo será singular si forma parte de esa personalidad. Este banco central es un banco central ortodoxo e incluso comparte la imagen de la República con otros bancos centrales, lo cual no es en absoluto conflictivo. En este caso, se prioriza lo genérico, mientras que lo específico ya está solucionado por su nombre y el origen de su símbolo.

En resumen, el eje de la convencionalidad absoluta de lo genérico a la atipicidad absoluta de lo específico define la identidad. Es necesario reconocer una amplia gama de grados entre uno y otro. Es necesario tener habilidades fisonomistas, un ojo clínico y olfato, un conocimiento profundo del caso, la capacidad de distinguir claramente entre lo estructural y lo anecdótico, y la capacidad de detectar diferencias dentro de un paradigma.

El Banco Central Europeo eliminó varias de sus funciones específicas del Banco de España, lo que demuestra la relevancia de ese "matiz". El Banco de España perdió formalmente su derecho an emplear el escudo constitucional de España, el cual era su símbolo hasta ese momento. A pesar de este cambio en la postura, la institucionalidad no disminuye, sin embargo, la conexión con la moneda, que ya no es la peseta, sino el euro, y su vinculación "numismática" desaparece. Por otro lado, obtiene un aspecto de técnica financiera fría. El desplazamiento identitario es técnico en lugar de "comercial". En resumen, se trata de una asesora en lugar de un servicio proporcionado por el gobierno.

Tenía que haber una selección tipográfica entre las familias sin serifa, y el tratamiento cromático debía evitar la tentación de asignarle un color corporativo. Se exigía una gran discreción en la expresión y un alto nivel de exigencia sin caer en el convencionalismo: se justificaba una cierta manipulación visual del logotipo que neutralizara sutilmente su rigidez.

Personaje y estilo

Para concluir, había dos asientos para la visita frente al escritorio de mi jefe.

Estaban colocados ortogonalmente, lo que significa que estaban paralelos entre sí y perpendiculares al escritorio, como es normal. Siempre estaban a 45 grados al llegar a la oficina por la mañana. A la noche, la señora de la limpieza los colocaba a su gusto, tal como colocaría los asientos en su "vivir". Ella consideraba que su posición era "sosa", "poco amable" y "fría", por lo que la corregía constantemente para que mejorara. La señora de la limpieza apelaba a su cultura doméstica: dos paradigmas opuestos, dos "tonos" o registros de comunicación.

En resumen, esta habilidad, que es tanto racional como intuitiva, debe desarrollarse por los directores de casting, los creativos de publicidad, los diseñadores, los arquitectos, los directores de comunicación y, por qué no, la señora de la limpieza, para consolidar un perfil institucional. Sin embargo, hay muchos casos en los que la capacidad parece estar ausente en cada uno de ellos.

Los ejemplos de marcas fuera de tono se encuentran por doquier, por lo que esta inquietud no es gratuita. Alguien creó una marca centrada en un icono: el torso de un muñeco de nieve con antiparras y bufanda para un centro de esquí de alta montaña de alto nivel. Una marca podría ser apropiada para una escuela de esquí para niños que están inscritos en la guardería de ese lugar o para una colonia de esquí para adolescentes.

Este resort tiene un tono aspiracional que rechaza completamente la alegoría y la ilustración infantil. Para aquellos que no la conocen, ese niño se caracteriza por ser ingenuo, cómico, infantil y poco serio. Su marca debería decir: "Somos el centro de esquí de mayor categoría de la región". Para ello, bastaba con escribir el nombre con un estilo gráfico "premium". Y atraería a cualquier buscador de prestigio que se vistiera con ese logo, ya sea que haya estado presente o no.

Más reserva

Sin embargo, prestar atención a la identidad de la oferta y las características de la demanda no es suficiente para satisfacer las condiciones que debe cumplir el mensaje. La polaridad no permanece indefinida, ya que es anulada por la comunicación, la transacción y la negociación, que crea un tercer nivel de condicionamiento: el registro del mensaje. Este nivel de condicionamiento se basa en la retórica ya no dictada por el emisor ni por el receptor, sino en el tipo de conexión que los une en ese contacto.

¿Cómo sorprenderlo sin distanciarlo? Pensar en las características del vínculo es pensar en la comunicación. ¿Cómo puedo comunicarme con él para que comprenda y se interese en mí? ¿Cómo puedo hacer que tenga la impresión de que estoy hablando con él en lugar de con alguien más? Aquí, las recetas no funcionan. Aunque existen varios géneros, cada caso requiere una matización en relación al género. Por ejemplo, es común pensar que el tuteo hace que el destinatario se acerque. Eso es incorrecto: se aproxima cuando es relevante, pero cuando no lo es, se aleja aún más que su trato.

Una comunicación eficaz es aquella en la que se produce una auténtica transferencia: la persona que habla, la persona que escucha y la conexión que los une son verdaderas. Por el contrario, es más común que los tres componentes estén configurados y, como resultado, la eficiencia de la comunicación disminuya.

Moraleja

La habilidad de comunicarse es un regalo antropológico que los humanos adquieren al nacer. Hay personas que son capaces de hacerlo mejor, otras peor, pero los comunicadores son los únicos que deben hacerlo de manera impecable. Y es suficiente observar el contexto de los medios para ver que la expansión de los medios no ha sido acompañada por una expansión similar de las habilidades comunicativas.

Para finalizar, es necesario inferir un posible origen. No es complicado relacionar esa carencia con un fenómeno global que ha recibido una extensa investigación: el proceso de deculturación provocado por la masificación y globalización de los mercados, que incluye el de la cultura en sí misma.

La mayoría de las veces, la afirmación del vínculo entre comunicación y cultura se convierte en un discurso sin base. Aunque es evidente (o tal vez por eso), una reflexión como la anterior nos lleva an ese nexo. ¿Cuáles son los recursos mentales necesarios para "darle el tono" si no se puede manejar rápidamente y con certeza la mayor cantidad posible de paradigmas retóricos? Y la compleja trama de códigos que sustenta la comunicación es cultura.

La calidad literaria de un lema, consigna o texto publicitario, la calidad tipográfica o cromática de un mensaje gráfico y, en última instancia, la pertinencia de una imagen al discurso del emisor real dependen de la calidad cultural de sus autores. La ostensible pérdida de calidad y eficacia de las profesiones de la comunicación se encuentra en el creciente tecnocratismo observado en ellas.

Tener Valor

Tengo que comenzar con lo más evidente. No puede pulir los excrementos. Esto no es para ti si eres un perdedor o perezoso.

Es fundamental comportarse con integridad, y nunca debes intentar "persuadir" o engañar a las personas para que crean que eres algo que no eres. En resumen, las personas de alto valor pasan tiempo con otras personas de alto valor, y debe asegurarse de que también tenga valor para compartir.

¿Cómo puedes determinar si tienes "valor" después de decir esto?

El valor es simplemente la capacidad de resolver cualquier problema o ayudar a alguien a lograr sus objetivos. Las personas de alto valor saben qué quieren en la vida y avanzan rápidamente hacia esos objetivos.

Una excelente manera de ayudar a los demás es ayudarlos a superar las dificultades que surgen en el camino hacia sus objetivos. Otra forma de agregar valor es eliminar la fricción o acelerar el proceso para ellos. No se pueden resolver los problemas solo a nivel superficial.

Otras formas de dar valor a los demás incluyen ser capaz de escuchar a los demás con empatía o ser una fuente de energía positiva. No solo mires superficialmente y tomes decisiones rápidas, lo cual es un rasgo importante de los perdedores de bajo valor.

Siempre hay una forma de aportar valor.

Ahora, como advertencia, no te apegues demasiado a alguien. Algunas (la mayoría) de las personas con las que no se llevarán bien legítimamente, y solo las personas con bajo valor se aferran e intentan forzar una relación. Date cuenta de que muchas otras personas también pueden ayudarte.

Tómese El Tiempo Para Hablar Con Alguien En Persona.

Sinopsis

Debido al ajetreado estilo de vida de la mayoría de las personas, es bastante común comunicarse dentro de una relación matrimonial por medios diferentes a la comunicación verbal real. Este es un hábito muy peligroso de formar porque ambas partes eventualmente tomarán el tiempo o harán el esfuerzo de comunicarse verbalmente, lo que ciertamente resultará en un desastre.

Personalmente

Estos son algunos consejos sobre cómo asegurarse de que la comunicación verbal sea una parte importante del intercambio dentro de los límites de un matrimonio saludable y feliz:

En ocasiones, es muy necesario dedicar tiempo específico a la comunicación verbal para que la pareja pueda mantener un cierto nivel de intimidad a través del ejercicio de comunicación.

Este tiempo asignado les da an ambas partes la oportunidad de expresar sus pensamientos y sentimientos, así como de lograr una comprensión mutua no amenazante.

Al hacerlo, valdría la pena explorar una atmósfera que sea a la vez acogedora y cómoda sin distracciones, ya que ayudará a mantener an ambas partes concentradas la una en la otra y en lo que se dice.

Además, es crucial estar preparado para comunicarse de manera no agresiva. Se animará an ambas partes a ser más receptivas a lo que se está discutiendo si se toman la molestia y el esfuerzo de ser amable y cariñoso al comunicarse.

También facilitará un mejor intercambio hablando con cariño. Se pueden lograr más cosas manteniendo un intercambio verbal amistoso y amoroso.

Estar completamente inmerso en la forma verbal de comunicación también incluye escuchar.

No se logrará ningún resultado positivo sin la capacidad de escuchar, ya que ambas partes no podrán comprender la sesión de comunicación. El respeto por la otra parte se verá claramente en la capacidad de escuchar.

La Comunicación Aumenta La Competitividad Al Catalizar El Conocimiento.

El propósito de este capítulo es explicar cómo surgió el lema mencionado en el título, que en su versión más actual es "La comunicación + conocimiento = transformación".

Iniciamos con el proceso de comunicación hacia el cambio experimentado por las civilizaciones que han surgido a lo largo del tiempo. El desarrollo del conocimiento cognoscitivo ha llevado an una evolución cada vez más rápida gracias a la incorporación de las tecnologías de la información, lo que ha permitido superar los cambios experimentados durante la Revolución Industrial.

Durante el inicio del siglo XXI, contamos con una experiencia tecnológica que, gracias a su progreso exponencial, promete un futuro lleno de oportunidades innovadoras. Vamos de las eras de la información y el conocimiento en los últimos cincuenta años del siglo XX, que han dado lugar an una sociedad de la información y el conocimiento.

Luego abordamos la importancia de convertir el conocimiento en una herramienta que fomente la imaginación y la creatividad. Es necesario esforzarse en la creación de conceptos y estrategias innovadores que promuevan el cambio cultural y social de la humanidad.

La importancia real de la creatividad para mejorar los procesos de una organización empresarial, especialmente en lo que respecta a la fidelización y la satisfacción de los clientes, se explicará más adelante.

Explicamos el concepto de competitividad y su objetivo prioritario de alcanzar el liderazgo en la participación de la empresa en los mercados en los que están involucrados. Además, abordamos los factores endógenos y exógenos de las cadenas productivas, así como las variables competitivas que sustentan la competitividad empresarial.

Por último, repasamos los cambios ambientales y describimos los cambios más significativos que tienen un impacto duradero en las empresas y organizaciones debido a la evolución exponencial de la comunicación y el conocimiento.

La conversación

Cada vez que ha habido un aumento significativo en la comunicación física e intelectual, ha habido un cambio de civilización que ha llevado a cambios culturales significativos y en períodos más limitados.

La condición humana comienza con la adquisición del lenguaje verbal. Más tarde se agregaron otras etapas: la domesticación de animales y el descubrimiento de las primeras técnicas agrícolas fueron las primeras. Por lo tanto, desde los primeros cultivos hasta el año 10 000 a. A.C., la Era Agrícola continuó.

Posteriormente, con la formación de las primeras ciudades y imperios, finalizó la prehistoria y se inició la historia, comenzando en la década de 1760 con la introducción de la máquina de vapor, que duró alrededor de doscientos años.

Después, durante la década de 1950, con el surgimiento de la informática y la microelectrónica, ocurrió la revolución de la informática, durante la cual se experimentó un aumento notable en la comunicación durante aproximadamente cincuenta años.

En las primeras décadas del siglo XXI, se están iniciando los primeros pasos hacia un nuevo avance que podría ser el más significativo y veloz de todos. La aparición de la sociedad de la comunicación podría ser considerada como la era de la comunicación, pero en poco más de veinte años, esto conducirá an una nueva era: la del conocimiento.

Cada uno de estos saltos ha creado y continuará creando una nueva civilización.

La revolución de la comunicación traerá transformaciones culturales, sociales, políticas y económicas significativas.

La comunicación produce y amplía el conocimiento, y la creatividad impulsa la innovación, lo que fortalece la competitividad.

El aumento exponencial del conocimiento está causando cambios rápidos en la revolución informática actual, con la excepción de que se están presentando señales de un renacimiento de una nueva era basada en la comunicación total, que permite el aumento del conocimiento y el progreso tecnológico para crear una sociedad del conocimiento.

La ola de la comunicación o era informática está a punto de terminar para dar paso a la ola del conocimiento o era digital. Es poco probable que la era alcance los veinte años de duración, y es posible que termine hacia el año 2030.

Desde el inicio del nuevo siglo, hace unos años, el fenómeno de la globalización está avanzando a pasos agigantados. La sociedad de la información y el conocimiento se desarrolla junto con su aparición, lo que ha tenido un impacto significativo en la evolución de la estructura social en el mundo. Este fenómeno se caracteriza por su rápido avance, lo que ha generado nuevas formas de organización política, social, económica y cultural. El sentido de identidad, la motivación, la capacitación y, por lo tanto, la productividad están directamente relacionados con la comunicación.

Comprender y compartir significa comunicar.

La informatización de la sociedad, la globalización y las nuevas tecnologías se asocian en general con las nuevas tendencias. Las sociedades modernas se están convirtiendo en sociedades de la información como resultado de la convergencia y el desarrollo vertiginoso de las tecnologías relacionadas con la informática, las telecomunicaciones y el procesamiento de datos, junto con sus casi ilimitadas posibilidades de aplicación.

La informatización ha sido la base técnica del fenómeno de la globalización, ya que ha permitido que grupos sociales de todo el mundo se comuniquen simultáneamente, superando las distancias y la dispersión geográfica.

A pesar de que el impacto de la globalización se ha vuelto más evidente en la economía, en realidad tiene un alcance mucho mayor, ya que permite la creación de una verdadera sociedad global a través del surgimiento de nuevos valores, actitudes e instituciones sociales.

El gráfico 3 muestra los efectos de los avances más importantes de la civilización.

Visualización 3 El impacto de los desarrollos más importantes de la civilización

La crisis vivida en los años 70 y 80, en particular, fue solo una antesala del cambio que se está produciendo en el mundo y en todos sus aspectos económicos, políticos, financieros, sociales y, sobre todo, en las capacidades de interrelaciones globalizadas que reducen el espacio y el tiempo gracias a las nuevas y avanzadas tecnologías telemáticas.

En el primer tercio del siglo XXI, el cambio sigue siendo más fuerte que en la época de la crisis, y la adopción de nuevos conceptos y tecnologías está en aumento, junto con la globalización de la comunicación, la internacionalización de los mercados y los cambios sociológicos en las costumbres.

El sistema de organización empresarial abierto debe adaptarse a las nuevas circunstancias y enfrentar los desafíos de los cambios en el entorno, que incluyen factores socioeconómicos, políticos y legales, ecológicos, clientes, proveedores y competidores, así como la tecnología en sí misma.

Este capítulo examinará las relaciones entre la comunicación y su efecto catalizador o acelerador del conocimiento. Nuestro objetivo es acumular este conocimiento para alcanzar un nivel de creatividad e innovación que nos permita ser competitivos y adaptarnos a los cambios turbulentos actuales y futuros.

La innovación

Albert Einstein afirmó que la imaginación es más importante que el conocimiento, y continuó diciendo que la imaginación creativa es necesaria para formular preguntas y posibilidades nuevas y ver problemas antiguos desde un ángulo nuevo. Esto es lo que define el verdadero avance en la ciencia.

La imaginación es la que ha permitido al hombre experimentar grandes avances a lo largo de la historia, y quizás entre los avances que ha producido su imaginación se encuentren la conquista del espacio, el control del átomo y un mundo interconectado. La perspectiva del ser humano sobre el cosmos y su existencia en él fue alterada por estos grandes saltos.

Pocos pensaban a mediados del siglo XX que el hombre pisaría la Luna antes del final del siglo, llegaría a Marte y otros planetas del sistema solar, y menos aún saldría del sistema solar en busca de nuevas vidas. No habría sido concebible lo que internet está generando en todo el mundo en la actualidad.

La combinación de estos factores ha generado nuevas perspectivas en el conocimiento humano, lo que ha llevado an un mayor progreso científico, una mayor interacción y comunicación entre las personas, así como a nuevas formas de fabricar y comercializar bienes y servicios.

Las organizaciones, profesionales y hombres de negocios ven an Internet como un nuevo tipo de instrumento; ahora solo les queda crear o usar nuevas formas.

La creatividad es un componente de la toma de decisiones que no siempre se valora adecuadamente, pero es esencial para el desarrollo óptimo.

El juicio y la elección dependen de la imaginación y la creatividad.

El juicio predictivo requiere la capacidad de concebir resultados potenciales o, al menos, evaluar la probabilidad relativa de diferentes consecuencias. De la misma manera, en muchas situaciones de elección no tenemos otras opciones, por lo que deben crearse.

Además, es fundamental tener la capacidad de percibir cuán atractivas son las diferentes opciones cuando se trata de elegir. Incluso se puede decir que una persona sin creatividad ni imaginación no puede emitir juicios o elegir libremente.

Sin embargo, ¿qué es la creatividad?

El término proviene de la palabra latina creare, que significa crear algo nuevo, engendrar, inventar, fundar, establecer y dar a luz.

La creatividad es la creación de algo nuevo, original, útil y duradero que satisface tanto a su creador como an otros durante un período de tiempo.

La creatividad es un estado de ánimo y una forma de pensar.

Después de repasar estos conceptos, podemos decir que la creatividad es la capacidad de crear nuevas interpretaciones que sean útiles para la acción. La creación de nuevos métodos de interpretación del escenario permite desarrollar ideas innovadoras que, al implementarse, producen una invención.

El proceso creativo es un viaje que comienza con una preocupación que capta la atención de nuestro cerebro, la computadora más perfecta que existe en la naturaleza. La creatividad es el desarrollo del pensamiento divergente o lateral.

En el acto creativo se distinguen varias fases:

1. Fase de razonamiento. El problema se formula, se recopilan datos y se buscan primeras soluciones.

2. Fase de intuición. Es el proceso más significativo porque se produce en el subconsciente del creador. Antes de ser elaborado, el problema se desarrolla por sí solo y comienza an incubar la solución y madurar las opciones durante un período que a veces puede ser extenso. La iluminación, o manifestación de la solución, ocurre durante la etapa de maduración.

3. Fase crucial. En este paso, el inventor entrega el análisis de su descubrimiento, verifica su validez y le da los últimos pasos.

Las personas que iniciaron acciones que aceleraron, cambiaron o cambiaron el curso de la historia se consideran creativas.

Estas personas tenían la capacidad de establecer relaciones de conocimiento, ver en lugares que otros no veían, hacer preguntas nuevas y encontrar respuestas innovadoras que fueron consideradas útiles para el entorno social.

Es decir, la creatividad es la creación de ideas nuevas y útiles, y la innovación es la introducción de las mejores ideas en el mercado.

Producir algo de la nada es lo que se conoce como creación. Cualquier creación humana es el resultado de la combinación y recombinación de ideas, conceptos y usos anteriormente creados por otras personas.

Por lo tanto, cuanto más amplia sea la experiencia del ser humano en términos intelectuales, de relaciones interpersonales y de conocimiento de otras culturas y sistemas, mayor será su habilidad para crear.

Aunque son necesarias, estas experiencias no son suficientes para generar nuevas ideas y conceptos.

En primer lugar, para acumular experiencias exteriores e incluso interiores, es necesario tener una mente abierta y una capacidad de inquirir, es decir, tener curiosidad y la capacidad de querer saber por qué suceden ciertas cosas, sucesos o hechos.

En segundo lugar, después de absorber esa experiencia, es esencial tener la habilidad de análisis, deducción e inducción, intuición y imaginación para combinar conceptos para generar nuevas ideas en áreas como la ciencia, la tecnología, el arte, los negocios, los deportes o cualquier otro campo que sea de interés para la humanidad y la sociedad.

De esta manera, se entiende que la creación es el resultado de un proceso dialéctico continuo en el que las tesis son puestas a prueba frente a los hechos o frente an otras tesis, lo que conduce a la creación de ideas superadoras (síntesis). Por lo tanto, esta síntesis es la base sobre la cual se desarrollará un nuevo proceso y así sucesivamente.

De esta manera, las personas surgen en un marco social donde se crean nuevas y mejores ideas que no solo brindan soluciones a los problemas, sino que también brindan la capacidad de mejorar las ideas y conceptos ya existentes.

Por lo tanto, en cualquier sociedad que no permite el contacto con otras sociedades o que no promueve la investigación y la libertad de expresión, se obstaculiza ese proceso dialéctico que permite el progreso, los descubrimientos y la creación.

Para las personas, ser creativas significa ser diferentes de los demás. Tener personas creativas implica obtener beneficios estratégicos para las empresas u organizaciones. Y para las sociedades, fomentar y proteger adecuadamente la creatividad implica mejorar el nivel de vida general de sus ciudadanos.

En un mundo tan competitivo como el que vivimos, la diferenciación es fundamental, y solo los más creativos pueden lograrlo. Aquel que pueda innovar para generar un mayor valor agregado tiene más probabilidades de lograr esa diferenciación.

En un entorno de educación masiva, con una gran cantidad de licenciados, ingenieros, médicos, posgraduados, másteres y doctores, aquellos que generen nuevas ideas y sean realmente creativos en la creación de nuevos productos y servicios, así como en las nuevas formas de ofrecerlos, venderlos y satisfacer a los clientes y consumidores, son los que sobresalen.

En la producción de bienes y servicios, las empresas pueden copiar rápidamente y eficientemente los modelos de otras empresas, pero solo con la creatividad para crear procesos más eficientes en la producción y en la satisfacción total del cliente, pueden generar un plus de valor agregado y diferenciación, lo que les permite mejorar su posicionamiento y participación en el mercado.

La creatividad aplicada a la estrategia de negocios distingue claramente a las empresas de los profesionales de excelencia.

La mayoría de las personas, ya sean individuos o empresas, son creativos. Ahora es un buen momento para preguntarse si las empresas también pueden ser creativas. La respuesta es afirmativa. Si fomentan la creatividad individual y el trabajo en equipo, lo lograrán. El trabajo en equipo puede crear nuevos productos, servicios, procesos y soluciones de problemas mediante la transferencia de ideas y experiencias de una variedad de personas.

Una de las principales funciones y roles del ejecutivo de este siglo es liderar la inteligencia colectiva para la generación creativa de ideas y apoyar firmemente la labor de los individuos en la organización.

La competencia

La capacidad de una empresa para penetrar, consolidar o expandir su participación en un mercado se conoce como competitividad.

La competitividad se ha convertido en una necesidad para que las empresas sigan existiendo. Las empresas compiten en mercados cada vez más amplios.

La competitividad de una economía en comparación con otras economías se basa en su capacidad para satisfacer las necesidades del mercado interno y para exportar bienes y servicios al extranjero. Por lo tanto, cuanto mayor sea el porcentaje de la demanda nacional que se satisface a través de la producción interna y cuanto mayor sea la participación relativa de las exportaciones del país en el comercio global, mayor será la competitividad de la economía.

La competitividad no surge naturalmente al cambiar el entorno macro ni se desarrolla únicamente a través del espíritu corporativo a nivel micro. Es más bien el resultado de la compleja y cambiante interacción entre el Estado, las empresas, las instituciones intermediarias y la capacidad organizativa de una sociedad.

Se puede afirmar que la competitividad es un modelo complejo compuesto por una variedad de elementos interconectados.

La competitividad incluye una serie de factores cruciales para alcanzar posiciones de competencia en el mercado, no solo un concepto rígido que define cómo una empresa se desempeña con respecto a sus competidores.

En la actualidad, la productividad y los recursos humanos se consideran los factores clave que determinan la competitividad de las empresas en un mercado globalizado en busca de la excelencia empresarial.

La habilidad, la acción administrativa, el aprovechamiento oportuno de la capacidad instalada y el manejo adecuado de sus recursos financieros, humanos y materiales, entre otros, son algunas de las formas en que se manifiesta esta capacidad. pero sobre todo en la percepción de las señales del mercado. La instrumentación oportuna de las señales permite a la empresa identificar las necesidades de los consumidores y aumentar su producción u oferta de servicios. De acuerdo con estas indicaciones, la empresa podrá rediseñar sus estrategias para establecerse en el mercado. Algunas de esas estrategias son nuevas fuerzas de venta, dimensionar adecuadamente los puntos de ventas, cambiar la composición del producto o servicio, adaptar su volumen o presentación en formas y tamaños diferentes, revaluar los canales de distribución, la naturaleza de los materiales que usa (metálicos, plásticos, maderas, etc.), así como la política de ventas, con una campaña de ofertas y descuentos especiales en períodos estacionales o de manera

Factores competitivos

La creación de una estrategia competitiva a nivel de negocio implica determinar qué factores debemos considerar para ser superiores a la competencia y persuadir a los consumidores para que compren nuestros productos en lugar de los de la competencia.

El costo, la calidad, el servicio, la flexibilidad y la innovación son los cinco factores clave para obtener una ventaja competitiva.

1. Gastos. Podemos reducir los costos al introducir en el mercado productos de bajo costo por unidad, utilizando sistemas de producción y distribución altamente productivos e invirtiendo en equipos especializados que permitan la producción en masa.

2. La calidad diseñando y fabricando productos confiables. Como resultado, se logra el binomio marca-calidad.

3. Asistencia. Es necesario cumplir con los compromisos de entrega en cantidad, fecha y precio. Es necesario establecer un alto nivel de calidad en el servicio posventa también.

4. Adaptabilidad. Pueden adaptarse a los cambios en la demanda, los cambios en el mercado o la tecnología y ajustar los productos o los volúmenes de producción cuando sea necesario.

5. Creatividad. Es fundamental crear nuevos productos, nuevas tecnologías de producción y nuevas estructuras de gestión. Cada empresa debe elegir qué factores quiere utilizar para competir en el mercado en el que quiere ser más fuerte que la competencia. Dado que esta decisión formará parte de la estrategia de producción de la empresa, las demás decisiones que se tomen en el área de producción deberán basarse en ella.

Además, es importante tener en cuenta que las variables seleccionadas para obtener una ventaja competitiva están relacionadas con el ciclo de vida del producto; es decir, la forma en que se compite dependerá de la etapa en la que se encuentre el producto en su desarrollo. Por lo tanto, mientras está en la etapa de desarrollo La calidad y el servicio son esenciales para obtener una ventaja competitiva, mientras que el precio del producto es crucial durante la fase de declive.

Todas las decisiones que se tomen en producción, como ya hemos mencionado, deberán estar de acuerdo con las variables con las que una empresa puede competir en el mercado para conseguir que sus productos sean los preferidos por los consumidores.

La estrategia de producción se compone de este conjunto de decisiones.

Para lograr una posición competitiva con altas probabilidades de éxito, se deben cumplir cuatro variables específicas en el diamante de la competitividad de Porter.

1. La primera de las variables es el estado de los factores: recursos naturales (físicos), recursos humanos, recursos de capital, infraestructura física, infraestructura administrativa, infraestructura científica y tecnológica, etc. Es obvio que la capacidad competitiva de cualquier empresa, región o país está completamente determinada por la calidad, el costo y las especializaciones de los diversos recursos e infraestructuras de las organizaciones empresariales, así como de los Gobiernos.

El segundo aspecto es la estrategia, la estructura y la competencia de las empresas, en el cual el entorno local debe fomentar la competencia basada en la inversión y la mejora continua. La adquisición de habilidades competitivas requiere un entorno que fomente la creatividad. Una de las presiones más efectivas para que una empresa mejore continuamente es una competencia local vigorosa e intensa. Como resultado de esta situación, las empresas deben encontrar formas de reducir los costos, mejorar la calidad, encontrar nuevos mercados o clientes, etc. La competencia entre países que compiten como destinos con diferentes posicionamientos y campañas de promoción para atraer turistas debe analizarse a nivel global. No obstante, es importante destacar que la fuente de la ventaja competitiva se encuentra a nivel de empresa y clúster, ya que una nación no puede comercializar de manera sostenible un producto que su industria no ha logrado producir.

La condición de la demanda es el tercer factor, que considera a los clientes locales exigentes y sofisticados, segmentos especializados que pueden servirse a nivel mundial y clientes cuyas necesidades se anticipan a las de la región y otras áreas. En un mundo que se enfoca en la globalización, puede parecer que la importancia de la demanda local es menor, pero la evidencia demuestra lo contrario. Las empresas más competitivas siempre tienen una demanda local entre las más avanzadas y exigentes del mundo. Los clientes exigentes son un incentivo adicional para la innovación porque permiten que las empresas identifiquen y satisfagan las necesidades emergentes. Las empresas que tienen an estos clientes cerca pueden responder más rápidamente gracias a líneas de comunicación más cortas, mayor visibilidad y la posibilidad de realizar proyectos conjuntos. Las empresas locales se benefician aún más cuando los clientes locales anticipan o moldean las necesidades de otros países.

4. Por último, pero no menos importante, industrias relacionadas y de apoyo, considerando la presencia de

proveedores locales competentes y empresas en clústeres o áreas relacionadas en lugar de industrias aisladas. La existencia de industrias de apoyo especializadas y productivas da an un país ventajas competitivas. Las empresas del grupo reciben insumos, componentes y servicios personalizados, a bajo costo, de alta calidad y entregados de manera preferente y rápida por las industrias relacionadas y de apoyo. Esto se debe a vínculos más estrechos de colaboración, mejor comunicación, presiones mutuas y aprendizaje constante, lo que facilita la innovación y la mejora continua dentro del clúster.

Según la teoría económica tradicional de las ventajas comparativas, una nación o región es competitiva en una determinada industria porque tiene una gran cantidad de los factores de producción esenciales, que son tierra, mano de obra y capital.

El diamante de la competitividad se representa en el gráfico 4.

La Comunicación Interna Y Externa Son Igualmente Importantes.

Para empezar, debes saber que la comunicación interna y externa ya está presente en tu empresa, aunque puedas ignorarlas. De hecho, ocurren a diario y contribuyen a la imagen de tu marca. Sí, tal como lo observas. Por lo tanto, si creó un logo fantástico pero no presta atención al tipo de comunicación que usa, su imagen de marca seguirá siendo baja o peor. En consecuencia, podemos afirmar que nos encontramos ante dos facetas de la misma moneda. Sin embargo, analicemos más en detalle cada una de ellas.

Comunicación exterior

Quizás no la aceptes de esta manera. Pero en esencia, toda la comunicación proviene de la empresa.

Para ilustrarlo, podríamos hablar de cosas como la publicidad, los colores corporativos, las notas de prensa, los eventos organizados por la empresa, la atención al cliente, la gestión y las publicaciones en redes sociales, etc. ¿La publicidad? Claro. El marketing es una parte de la comunicación externa, pero, como puedes ver, no es todo.

Comunicación dentro

Como podrás imaginar, la comunicación interna es la que ocurre dentro de la empresa. Y no importa si son tres, treinta o trescientos, porque esto sucede constantemente. Es importante aclarar que no me refiero a los comunicados que la gerencia pueda hacer porque la comunicación es un ejercicio constante que las personas realizan, incluso cuando no hablan. Por lo tanto, nos referimos a TODA la comunicación que se produce dentro de tu empresa. Y visto así, tal vez, te parezca una locura y no te equivocas, porque estamos hablando de lo que podría ser un gran flujo de información. Pero no te asustes, que vamos a ir pasito a pasito.

Comunicación corporativa

Ahora que ya hemos definido, aunque muy brevemente, las dos variables de la comunicación corporativa, vamos a ver qué tienen de especial.

Supongo que no debería explicar por qué las empresas hacen marketing, ¿verdad? Esto se llama comunicación estratégica y se llama así porque se hace para lograr un objetivo. Puede ser para aumentar el alcance, proyectar una imagen específica de una marca o para cualquier otra cosa, pero a nivel externo.

Es importante mantener una comunicación estratégica a nivel interno. ¿Por qué motivo? Para lograr nuestras metas internas, como fomentar la motivación, fortalecer la cohesión de grupo, fomentar la creatividad y resolver problemas. Todo lo que desees.

En cualquier caso, y en cualquiera de los dos tipos de comunicación corporativa, tener un objetivo claro es señalar dónde quieres llegar y trazar un camino. Debe

establecer algunas tareas o acciones a realizar para seguirlo. Y este conjunto de pasos se conoce como táctica. La comunicación corporativa va más allá del simple intercambio de información.
Solo prestando atención an una de ellas
Si te preguntara ahora mismo en cuál de las dos inviertes más tiempo y dinero, me dirás que en la comunicación externa. Y lo cierto es que es normal porque hay más personas fuera de tu empresa que dentro, por lo que el flujo de información debe ser mayor. Sin embargo, ¿qué pasaría si te preguntara cuánto inviertes en comunicación interna? ¿Cuál sería su reacción? De hecho, amigo mío, la comunicación interna suele ser descuidada. Sin embargo, ignorarlo no lo hace desaparecer. De hecho, sigue existiendo y sucede continuamente. El problema radica en que ignorarla no la convierte en una comunicación estratégica y pierde la oportunidad de usarla para lograr los objetivos de la empresa.

Interacción entre los dos mensajes

Ya te he mencionado anteriormente que no son componentes aislados, sino que interactúan entre sí. ¿Cómo? Situémonos en un contexto... ¿Crees que no afecta tu reputación si tu personal está insatisfecho y desmotivado? ¿Crees que este dolor no se extenderá a los demás? ¿Realmente crees que esto no tendrá un impacto en la imagen que tienes de tu empresa? En este caso, no cuidarías la comunicación interna, lo que tendría un impacto a nivel interno y también a nivel externo.

Por otro lado, ¿no crees que las personas que trabajan para ti (las que saben estos detalles) tendrán una percepción deficiente de tu imagen de marca si la comunicación externa la lleva tu cuñado o primo porque te hacen muy buen precio pero no son profesionales de esto? ¿Estás seguro de que esa información no será proporcionada por el núcleo de la empresa? ¿Aceptaste la ayuda de tu amigo o familiar para crear una imagen de mediocridad? Estoy seguro de que eres más ambicioso que eso y que no te gusta arriesgar tanto cuando trabajas en asuntos dirigidos a tantas personas. Sin embargo, como se puede ver, las formas en que actúas en la comunicación externa también tienen un impacto en la esfera interna.

La una existe junto a la otra, y no podemos cambiar eso. Por lo tanto, nuestra única opción es abordarlo de la mejor manera posible. Te será mucho más fácil ganar las partidas si conoces las reglas del juego.

Es verdad que no parecen detalles significativos, ¿no es así? Sin embargo, si los agregas gradualmente, pierdes puntos y te alejas de tu objetivo como empresario. Menos mal que no todo es malo porque, sabiendo esto, tienes la capacidad de cambiar las cosas y convertir la comunicación en tu empresa en comunicación estratégica de verdad.
La comunicación interna; "la olvidada principal"
¿De qué manera valorarías an una organización que carece de un ambiente

de trabajo favorable o en la que se acumulan los malentendidos que pueden resultar en pérdidas económicas? ¿O esa empresa donde los empleados no están motivados y solo buscan terminar su trabajo lo antes posible (sin prestar atención a la calidad de su trabajo), simplemente porque quieren escapar del trabajo como si fueran del infierno?

Quizás no sea para tanto, pero estaremos de acuerdo en que situaciones como estas pueden ocurrir cuando la comunicación interna en la empresa es deficiente, aunque no lo parezca. Este no es solo un factor que influye en el estado de ánimo de los empleados, sino que también está presente en el entorno empresarial en general, en el compromiso de los empleados con la empresa y en la imagen que proyectan de la empresa una vez que salen por la puerta y deciden hablar sobre ella.

¿Cuál es la razón detrás de la falta de atención a la esfera interna de las empresas?

Es un problema de prioridades. Hay empresarios que consideran que el cliente es lo más importante, otros que se enfocan en las redes sociales y trabajan arduamente para obtener likes y seguidores, otros que priorizan el servicio postventa, etc. Es evidente que la esfera externa es esencial para una empresa y debe ser cuidada como se merece, pero también es crucial la esfera interna, ya que sin ella no sería factible el éxito de una empresa. Ya hemos observado la conexión entre ambas. Es esencial romper el cerco, ya que las empresas deben contar con una comunicación interna sólida que les permita operar con la misma eficiencia y calidad que un reloj suizo. De esta manera, las cosas son mucho más sencillas y puede que la consecuencia sea tan significativa que incluso se pueda disminuir el gasto presupuestario destinado a la comunicación externa.

Imagina un equipo de abogados que usan ropa durante todo el día, zapatos recién encerados y acuden a los juzgados con una apariencia impecable. ¿Acaso te los imaginas con la misma apariencia en oficinas y despachos? Imagínate que estás allí y te encuentras en un lugar donde hace semanas que nadie ha pasado la escoba; hay dedo de polvo donde mires y el ambiente está lleno porque nadie ha abierto las ventanas y ventilado. Tu percepción cambiaría definitivamente. La comunicación interna es similar: aunque se intente transmitir una imagen positiva hacia el exterior, si se descuida desde adentro, se produce una imagen negativa que no se desea transmitir. ¿Es difícil tomar la escoba y limpiar? Es cierto que no es necesario dedicarle tiempo, pero a veces no se hace con la frecuencia o la calidad necesarias como lo haría un profesional o alguien que está acostumbrado a hacerlo con frecuencia. Aunque las empresas deben dedicar tiempo a sus actividades profesionales, no deben dejar de lado la comunicación interna.

Cuando tenemos un problema con la comunicación interna, llamamos al informático, al electricista cuando se estropea un enchufe o al fontanero cuando se rompe una cañería. Por lo tanto, cuando detectamos un problema con la comunicación interna, no debemos dejar que la situación se enquiste y debemos ponernos en contacto con un experto en el tema para que lo solucione rápidamente.

Y para comenzar an actuar, no es necesario tener problemas serios. En realidad, es más importante prevenirlos que solucionarlos en la mayoría de los casos. ¿No revisas tu vehículo cada año? ¿Y lo haces debido a que está desconcertado? No, simplemente intenta mantenerlo en el mejor estado posible para evitar un accidente en la carretera. Por lo tanto, al escuchar el sonido del tic-tac, no dejes que la bomba explote hasta que llegue alguien para desactivarla antes de que sea tarde.
El impacto mutuo de la comunicación interna y externa
En la actualidad, se han creado numerosos roles para tratar la

comunicación corporativa, como community manager, marketer, traffiker, closer, etc. Esto se debe a la gran demanda y la tendencia de nuestra sociedad a ser cada vez más especializados y expertos en un campo en particular. Sin embargo, si estás atento, todos ellos se refieren a la comunicación externa. ¿Conoces la razón? Por lo general, las empresas siguen la ley de la oferta y la demanda, por lo que todos esos nuevos roles tienen sentido si se enfocan en la comunicación externa. No obstante, como se mencionó anteriormente, aunque ignoremos la comunicación interna, tenemos la capacidad de elegir si queremos controlarla y gestionarla adecuadamente.

Dicho esto, debemos asumir que en este caso, el enfoque y el control están puestos en los mensajes que la empresa envía a sus públicos externos (clientes, proveedores, medios, etc.). Debido an esto, estamos inundados de anuncios que nos persiguen, cookies que tenemos que aceptar constantemente para continuar navegando, llamadas y correos comerciales y otros componentes de este tipo de comunicación. Debido a que las empresas se enfocan completamente en sus públicos externos y dedican toda su energía a gestionarlos de la mejor manera posible, como recopilar datos, brindar bienes y servicios que se ajusten a sus necesidades y demandas, mejorar la experiencia de consumo, crear paquetes y ofertas irresistibles, etc.

La atención se centra en la comunicación externa.

Las empresas pueden funcionar de manera adecuada, pero no deberían limitarse an eso, ya que la comunicación externa solo representa la mitad de la comunicación corporativa y a nadie le gusta que le vendan solo una parte del pastel, todos queremos el lote completo, ¿no es así? Sin embargo, como podrás imaginar, la situación real de muchas empresas es exactamente esta.

Como ya mencioné, tanto la realidad interna como la externa están conectadas y influyen entre sí porque forman parte de la misma realidad. Por lo tanto, si concentras tu atención exclusivamente en una de estas áreas, sin duda tendrá un impacto en la otra. Sin embargo, si también se ignora sistemáticamente esta otra, no podrás controlar las consecuencias de dicha influencia.

Vamos a dar un ejemplo. Si tu empresa quiere mantener una imagen y reputación corporativa impecable y cuida maravillosamente a sus clientes, nunca lo conseguirás. ¿Qué razón hay? Porque para brindar ese servicio tan excelente, deberás exigir mucho a tu conjunto empresarial, lo que generará malestar e incluso levantará ampollas entre los empleados. El murmullo negativo no permanecerá dentro de la empresa; eventualmente se esparcirá al exterior y afectará la percepción que tiene el público en general de su empresa. En otras palabras, después de invertir mucho dinero y esfuerzo en recursos de publicidad, marketing y atención al cliente, te encontrarás con una mancha que será difícil de borrar. Es el caso de las grandes cadenas de comida rápida más conocidas del mundo, que tienen un servicio de atención al cliente excelente, pero todos creen que trabajar allí es "maravilloso". Se han ganado esa reputación, cierto o no.

El vínculo entre la comunicación interna y externa

Como la una no puede existir sin la otra, tampoco pueden separarse. Como resultado, lo que hagas con la comunicación interna de tu empresa también afectará a los demás. Lo vimos en el ejemplo anterior, ¿no es así? Lamentablemente, pocas empresas logran el efecto contrario debido a su enfoque exclusivo en la comunicación externa.

Hoy en día, muy pocas empresas utilizan la comunicación interna para promoverse. Aunque parece una paradoja, en realidad es un sistema de marketing brutal que brinda integridad, coherencia y equilibrio a la empresa. ¿No te resulta curioso? No te preocupes, discutiremos este tema más adelante. En este punto, quiero destacar que las corporaciones que lo obtienen tienen la mayor probabilidad de contratar talentos de alta calidad, lo que les permite aumentar su capacidad y mejorar continuamente los productos y servicios que ofrecen a sus clientes.

Entonces, desde una perspectiva a largo plazo, es fundamental mantener un equilibrio entre ambos tipos de comunicación para lograr el impacto deseado por todos los buenos empresarios.

El oxígeno que le damos al ecosistema que hemos creado con nuestra empresa es la comunicación corporativa, y debemos infundir esta burbuja de aire tanto en las raíces como en las hojas. Por supuesto, los métodos no son idénticos para todos, por lo que se abordan de manera independiente.

La comunicación interna es esencial para el buen funcionamiento de cualquier corporación, como se puede ver. A pesar de que hay una gran cantidad de recursos disponibles en el mercado para demostrar tu habilidad en el uso y las ventajas de la comunicación externa, la gama de opciones es limitada cuando queremos profundizar en el mundo de la comunicación interna. Por lo tanto, encontrarás tanto teoría como momentos de reflexión aquí. Si lees este libro hasta el final con una mentalidad lo suficientemente abierta, no solo aprenderás qué es y cómo funciona, sino que también cambiará la forma en que ves tu empresa y notarás cambios y beneficios que cuando eches la vista atrás te parecerán increíbles.

Parte Dos: Barriers To Communication

Descubrirán que tienen mucho de qué hablar mientras se conocen en cualquier relación nueva o cuando salen juntos. Al principio, pueden comunicarse bien y pueden estar en el "séptimo cielo". Podría creer que esta es la persona que he estado buscando y que es la persona ideal para mí. Esta etapa se conoce como la etapa de luna de miel. Cuando una relación se desarrolla, pueden querer compartir sus vidas y eventualmente mudarse juntos. Mudarse es un mundo diferente porque ahora se ven todos los días, comparten sus experiencias diarias y trabajan juntos para pagar las cuentas, cuidar a los niños y hacer que su casa sea cómoda. Más adelante en el camino, puede que te encuentres tan cómodo y familiarizado con el otro que olvides las noches de citas y las noches especiales para mantener la chispa que tuviste originalmente. Cuando esto ocurre, naturalmente enfrentamos dificultades para comunicarnos.

Los obstáculos a la comunicación pueden aparecer de manera inesperada o pueden aparecer gradualmente. Estos obstáculos o obstáculos pueden aparecer de cualquier manera. Algunos ejemplos son: cuando ya no tienen nada que decir, su cónyuge no les escucha, cuando su matrimonio parece tan negativo que todo lo que se dice se convierte en discusiones, puede sentir que su pareja no está interesada en usted, puede temer la comunicación debido a la falta de confianza o la ira, su pareja se vuelve distante y puede encontrarse irritado con su cónyuge con más frecuencia. Otra barrera de comunicación puede ser que uno de ustedes o ambos sienta que se apresuraron a casarse o tener una relación y ahora no tienen nada en común.

La segunda parte de "Comunicación en el Matrimonio" le dará algunas ideas sobre estos problemas y cómo abordarlos con su pareja.

Cuando usted tiene miedo de decirle algo a su pareja o de ser honesto y abierto con ellos por temor a que las consecuencias sean abrumadoras, se producen barreras de comunicación. La falta de comunicación efectiva en la relación suele ser la razón por la que se siente de esta manera. Tal vez su pareja no lo ha entendido, tal vez siente que siempre están molestos, tal vez cree que no escuchan, o tal vez están muy distraídos. Todos estos sentimientos pueden hacer que usted o ellos sientan que ya no tienen interés en el otro, lo que conduce an un ciclo de falta de comunicación que termina en malos hábitos.

Miedo a la verdad.

Un miedo a ser honesto puede desarrollarse gradualmente o puede aparecer de repente y desarrollarse. Puede ser el resultado de traumas o problemas del pasado, y ceder an este miedo puede ser devastador para su relación. Por muchas razones, las personas no encuentran fácil ser vulnerables. Por lo tanto, analicemos las razones por las que puede mentir, ocultar o exagerar la verdad.

para salvaguardar a alguien

Me preocupa ser ignorado o descuidado.

Controlar las emociones o acciones de otra persona

Controlar la percepción

evitando efectos negativos como castigos o enojo

Si tiene miedo de ser honesto con su pareja, con frecuencia es porque no quiere serlo consigo mismo debido a la falta de aceptación de sí mismo, de sus necesidades y de sus sentimientos. Algunas personas evitan enfrentar sus miedos porque les permite controlar las circunstancias para no tener que enfrentarlas. La vulnerabilidad incluye dejar ir el control, ser visto, escuchado y comprendido, y darle a alguien un pedazo de ti que te es muy querido. Cuando nos sentimos deshonestos, con frecuencia tememos ser traicionados, heridos, perder el control, perder a alguien y ser controlados, o que lo que se dice se use en nuestra contra de una manera manipuladora.

La honestidad se vuelve más difícil de lo que debería ser cuando caemos en las trampas y creemos nuestras propias mentiras.

Cuando una pareja enfrenta cambios significativos, la deshonestidad entra en juego. Estos cambios pueden incluir el final de la novedad de la alianza, la etapa de la luna de miel, el embarazo o la crianza de los hijos, y la salida de los niños de la casa. La pérdida de un trabajo, los problemas financieros, una enfermedad o la compra de una casa son otros factores que afectan una relación. Las dinámicas de la relación pueden verse alteradas por cada una de estas situaciones. Estos son señales de que un cónyuge o pareja puede verse afectado por una aventura o desear algo diferente. Además, tendemos a ser egoístas al encontrar mejores o más cosas que hacer con nosotros mismos cuando surge un conflicto y la comunicación se deteriora, y olvidamos que nuestra pareja puede estar sintiéndose de la misma manera porque nos sentimos cómodos el uno con el otro y no nos comunicamos tan a menudo como deberíamos.

Una mentira es muy probablemente una distracción del verdadero problema en la relación: las ansiedades. Alguien mentirá para aliviar la tensión mental o como resultado de una amenaza a la conexión emocional establecida. Las mentiras pueden ser grandes o pequeñas; pueden ser sobre una aventura, un mal hábito, como fumar o drogas, un pasado secreto, una compra, etc.

¿Cómo abordas este problema? Estos son algunos métodos:

Observa las señales no verbales.

Observa las señales no verbales, como el lenguaje corporal. Si su pareja cruza los brazos o le da la espalda, puede ser una señal de que no está dispuesta an escuchar plenamente. Las expresiones faciales son un buen indicador de si su pareja es sincera con usted. Sea tan abierto en su lenguaje corporal como espera que lo sea; no anhele que las cosas sean diferentes y no parezcan juzgar.

Los celos de un ex

Considere a sus pasados como fantasmas. Ellos son ex por una razón, y no importa si no están presentes con usted y su cónyuge. Muchas veces nos ponemos celosos por los escenarios que hemos imaginado porque queremos ser mejores que sus ex. Nos esforzamos por la perfección cuando no sabemos lo que es. Al tratar constantemente de comportarse de manera diferente a su ex, construye su relación para el fracaso porque usted es el único que piensa en esto y causa problemas cuando la verdad sale a la luz.

Puede ser una buena idea sentarse unas cuantas veces a la semana en un momento específico y discutir los temas relacionados con su relación al final de la conversación. Al hacer esto, les da an ambos algo a lo que esperar (trabajar en su matrimonio), mientras que si no lo hacen, simplemente pueden estar presentes el uno con el otro. Funciona porque elimina cualquier problema que pueda estar en la mente del otro, lo que evita que la pelea se desarrolle más tarde.

Escuche sus instintos, no el "cerebro animal".

Esta herramienta es para aquellos que se sienten culpables por no ser honestos y saben que la honestidad es algo que deberían tener en su matrimonio. Empieza por ser honesto contigo mismo; no confíes en las mentiras que dices a los demás porque tú también empezarás an aceptarlas. Por ejemplo, supongamos que está evitando las consecuencias potenciales; su falta de sinceridad se debe a que está tratando de evitar la situación o la conversación en lugar de enfrentarla. Esta es la parte en la que te sientes culpable por engañar a alguien que amas.

¿Cuál es la regla para cuándo debo ser honesto con alguien? ¿Cómo puedo hacer que mi pareja se sienta amada? ¿Qué sentimiento tendría si me estuvieran haciendo esto? La única razón por la que se siente culpable de no ser honesto es porque no ha sido capaz de identificar la causa de su deshonestidad.

¿Cómo funciona esto? El "cerebro de criatura" se refiere a la situación en la que uno se pregunta si debe o no informarle a su pareja lo que está sucediendo. Los bichos juegan con sus emociones y le dan razones por las que no debe ser honesto, pero su intuición sabe que debe serlo. El cerebro de criatura te impide ser usted mismo y realmente te daña. Entonces, preste atención a su instinto interno y tome la decisión correcta. Sea sincero. Si tiene que escribirlo, mantenga la calma y haga que su pareja lo lea mientras lo hace. Lo más probable es que finalmente obtenga resultados diferentes a los que pensó inicialmente.

9. La firma de bebés en las escuelas infantiles

Cada vez más instituciones de educación infantil están adoptando la comunicación gestual en sus aulas. Disponer de una herramienta para comunicarse entre niños y educadores los hace sentir mucho más relajados y felices en general porque sus solicitudes son atendidas antes que cualquier otra cosa. Los bebés están mucho menos frustrados y la paz y la armonía aumentan mucho en las aulas.

Cada día, las maestras infantiles obtienen elogios divinos al cuidar an un gran número de niños.

La proporción de maestros por cada 8, 16 o 20 alumnos es común en muchas escuelas. Imagina la situación cuando dos o tres personas empiezan a llorar. Todo sería mucho más fácil si los bebés pudieran comunicar sus necesidades sin llorar, ¿no es cierto?

Desde la perspectiva de los padres, cuando nos toca volver al trabajo después de tener un bebé, nos enfrentamos a la difícil decisión de elegir en qué manos dejar a la persona que más queremos en el mundo. Hay familias en las que uno de los progenitores puede trabajar en casa o contar con la ayuda de los abuelos, lo cual es sin duda lo mejor, pero otras familias no pueden hacerlo. Afortunadamente, hoy en día hay cada vez más opciones e incluso algunas muy interesantes, como las madres de día, los jardines Waldorf o los maternales y kinders inspirados en la pedagogía Montessori. Sin embargo, estos servicios suelen tener precios elevados debido a que son servicios privados que normalmente no son subvencionados por las administraciones.

Normalmente visitamos primero muchas de las áreas y solemos decidir en función de nuestros valores si finalmente decidimos llevar a nuestro pequeño tesoro an una guardería o escuela infantil tradicional. Por ejemplo, si optamos por la crianza con apego, es importante tener en cuenta que respeten las necesidades de los niños, sus procesos y sus tiempos de desarrollo, y, sobre todo, cuiden sus aspectos emocionales.

Debido a que el bebé se convertirá en una de sus figuras de apego, es crucial fomentar la conexión entre la cuidadora y el bebé. Una de las pruebas más significativas de que la dirección del centro está realmente preocupada por este tema es la presencia de un personal estable y estable en el tiempo, ya que en muchas ocasiones el trato al personal es deficiente y esto provoca un alto índice de rotación. Además, el centro apuesta por técnicas que cuidan el estado emocional de los bebés, como el masaje infantil, la firma de bebés o talleres de emociones cuando los bebés son más mayorcitos.[22].

9.1 Beneficios de usar marcas

Numerosas escuelas en numerosos países obtienen beneficios de la firma de bebés, que está creciendo rápidamente. Los padres lo ven como una ventaja y las direcciones de los centros lo comprenden rápidamente.

Cuando he tenido la oportunidad de enseñar esta técnica a las escuelas infantiles, las educadoras se han mostrado muy interesadas en el hecho de que los signos no solo no retrasan el habla, sino que también favorecen su desarrollo, ¡y también estimulan la inteligencia! Los beneficios más evidentes son estos.

ayuda a los niños a aprender a hablar[23].

estimula el crecimiento intelectual[24].

Crea una conexión más fuerte entre los niños y sus educadores.

aumenta la concentración.

Fortalece la sociabilidad y las relaciones corteses.

Ayuda a los niños y a los educadores a comunicarse mejor.

Ayuda a la formación de todas las formas de inteligencia.

Ayuda a los niños con necesidades especiales a comunicarse.

9.2 ventajas después de la aparición del habla

Los signos ayudan en el aprendizaje kinestésico al procesar información asociada con nuestro cuerpo, movimiento y sensaciones. Esto estimula el aprendizaje auditivo y visual. Suponen un aprendizaje profundo y una experiencia directa del niño que ayudará mucho más allá de la aparición del habla.

Cuando se trata de promover el bilingüismo, ya que tienen en sus manos una representación del concepto que sirve de traductor simultáneo an otras lenguas.

Cuando se trata de trabajar el aprendizaje de la lectoescritura, tenemos la capacidad de enseñarles el alfabeto y que puedan "sentir" cada letra y identificar sus fonemas. Los gestos también fomentan la motricidad fina, que es fundamental para aprender an escribir, así como la geografía corporal, lo que ayuda a comprender arriba y abajo y diferenciar las letras b, p, d y g.

Finalmente, al enseñar a los niños comunicación gestual, podemos considerar que algunas personas utilizan la lengua de signos para comunicarse, representan a la comunidad no oyente y, por lo tanto, transmiten valores de respeto e integración.

9.3 ¿Qué signos son útiles en las instalaciones de educación infantil?

Cuando enseñamos signos en el aula, brindamos a los niños más herramientas para expresar sus necesidades sin llorar, fomentando una comunicación mucho más positiva y reduciendo las frustraciones por falta de entendimiento.

El hecho de que los niños no puedan usar la palabra hasta el segundo año no significa que no quieran comunicarse; al contrario, ¡están deseando comunicarse y es increíble la cantidad de cosas que pueden expresar a través de los signos!

Sabemos que las rutinas ayudan a los niños a regularse y comprender lo que se hace en cada momento. Los signos pueden ayudarnos an explicar qué actividades realizan durante la jornada. Aquí hay algunos ejemplos:

Podemos informarles que es hora de cenar:

Llevar un puñado a la boca es un signo muy común.

Las familias que practican la alimentación dirigida por el bebé, también conocida como alimentación dirigida por el bebé, encuentran muy útil la comunicación gestual para que el bebé pueda indicar si quiere más, ha terminado o qué alimento prefiere.

Los Pecados Capitales De La Comunicación Docente Basada En Las Tic

Es común que los humanos cometan errores, y en las primeras prácticas de comunicación en un ambiente virtual de aprendizaje, estos son los pecados principales que causan situaciones a veces inmanejables entre los participantes. Los siguientes escenarios están basados en la experiencia. Cada lector tiene la responsabilidad de probar estas propuestas en su propio laboratorio de aula virtual.

Colocaremos un mensaje escrito por un moderador inexperto para explicar cada pecado capital. Luego discutiremos y destacaremos cada infracción. El contexto es universal.

Mis queridos alumnos.

Saludos y disculpas por mi ausencia los últimos dos días. Resulta que un problema de luz en mi cuadra hizo que mi casa no pudiera acceder an Internet.

En realidad, está resuelto, y mi esposa e hijo están muy felices porque finalmente pudimos hacer las reservaciones para nuestra semana en Aruba. ¿Ya han visitado Aruba?

Les comento que la intervención de cada uno fue muy buena. Parece que han leído todas las instrucciones. Me llamaron la atención.

No obstante, les transmitiré un artículo que escribí en el número 2 de la revista Ciencias de la Educación, que se publicó no hace mucho, titulado DONDE ESTÁ LA SOLUCIÓN A LO QUE BUSCAN.

Para que puedan comprender mi cerebro, deben leer todo el artículo.

Dejen un mensaje en el blog si es posible. Aquí les dejo el camino.

Siguan interviniendo, ya que parece que están tratando de aclarar nuestro tema que se ha vuelto extremadamente complicado.

Saludos cordiales de mi esposa e hijo, José.

El texto contiene errores de moderación:

Personalismo. Es la tendencia a redactar mensajes basados en el conocimiento y experiencia de quien escribe, dando mayor importancia a lo que an él compete y descartando otras ideas o propuestas. Es un mensaje que generalmente establece diferencias académicas. Las marcas de personalismo se destacan en el mensaje anterior.

Desconfianza. Es la actitud que indica cierta sospecha sobre el comportamiento de los estudiantes. El grupo no tiene mucha confianza en cuanto a si leyeron los materiales o si están llevando el proceso cognitivo de alguna manera que el maestro considere apropiada. En ocasiones, esta actitud, que se interpreta como una crítica hacia el grupo, provoca una interrupción en la comunicación. El texto en mayúscula muestra la desconfianza en el ejemplo.

raíces de temas tangenciales. Un error común es agregar distracciones involuntarias al texto, lo que desvia la atención de los estudiantes del tema principal. Esto produce mensajes que no están enfocados en el tema y concentran la atención y el interés de los estudiantes en estas propuestas. Cuando esto sucede, más aún cuando se tiene un tiempo limitado, hacer un esfuerzo por centrar el diálogo puede resultar inútil.

El texto de ejemplo destaca las semillas tangenciales con una fuente itálica.

Los estudiantes no están incluidos. Esta tendencia a dejar a los estudiantes fuera de la comunicación docente quita todo el sentido y el propósito de un ambiente de aprendizaje virtual. Si un estudiante asiste an un curso y no experimenta una sensación de pertenencia an un grupo, no querrá repetir la experiencia y preferirá en el futuro comprar un libro y aprender por sí mismo. Puede apreciarse la ausencia de referencia an algún estudiante en el mensaje de ejemplo, que tiene un alto nivel de personalismo, matices de desconfianza y temas tangenciales que desenfocarán seguramente el diálogo, limitando la intervención an un "me pareció bien la intervención de cada uno".

buenas prácticas de comunicación en entornos de aprendizaje virtuales

Antes de escribir, consulte Google. Para cualquier duda en su mensaje, como algún nombre de ciudad, ubicación, mención de personaje famoso, investigación, universidad o concepto que no domine, y otros más, use su buscador preferido.

Use la RAE. Consulte la RAE para ver las conjugaciones de verbos y significaciones de los términos si no está familiarizado con la gramática de una palabra, la sintaxis de una frase o la connotación de una oración.

Hacer párrafos breves. Evite los temas tangenciales y sea breve. Antes de enviarlos a la plataforma, léelos en voz alta.

Utilice humor académico. En ocasiones, es beneficioso narrar historias de figuras notables como Einstein, Chaplin, Dalí y Picasso, para respaldar el material que se redacta. Averigüe antes de usar este recurso.

Generar comunicaciones que sean amplias. Los mensajes de visiones panorámicas permiten que el maestro escriba solo un mensaje por cada vez que se conecta, evitando así responder uno an uno.

mantener las comunicaciones de la administración. Mantener la comunicación de gestión con respecto a las calificaciones, las aperturas y cierres de temas, la visualización de nuevos bloques y herramientas y las noticias sobre eventos presenciales es fundamental.

En el ámbito de discusión, deje siempre la puerta abierta para que se produzca más discusión y defina la evaluación.

Esto es, no cerrar las oportunidades de exploración.

Ser un moderador conceptual y altruista solo cuando sea necesario. En ocasiones, es necesario ser un facilitador conceptual para fomentar el debate en un foro, por ejemplo.

No caer en el miedo que provoca la confusión mental. Siempre habrá una forma de comunicarse digitalmente. El objetivo es ser lo más fluido posible mediante el uso de símbolos, metáforas y textos cortos, al mismo tiempo que se integra una dimensión socioemocional que permita aclarar los atolladeros conceptuales a los que puede llegar el grupo de estudio.

Necesitamos Capacitar Nuestras Percepciones

Ahora sabemos que las personas se comunican de muchas maneras, y para que la comunicación sea lo más clara posible, debemos mejorar nuestra capacidad de entender y transmitir estos mensajes.

Para lograr nuestros objetivos, la forma en que nos comunicamos con el mundo es fundamental.

Se puede inferir de esta verdad que debemos mejorar nuestras habilidades de comunicación con los medios que nos rodean.

Para poder comunicarnos mejor con nuestra pareja, necesitamos conocer más a fondo su perfil, especialmente en el campo de las relaciones de pareja, que es nuestro foco.

Es un hecho que nunca podremos conocer verdaderamente a cada persona, incluso si está a nuestro lado;

de hecho, nunca podremos conocer verdaderamente a cada persona, incluso a nosotros mismos.

Esto se debe a que las situaciones circunstanciales definen a las personas; nadie es la misma persona para siempre. Muchos factores afectan mi comportamiento, así como el comportamiento de un cliente o lector; esto varía según el tipo de actividad que realiza el individuo y la persona con la que se está tratando.

En última instancia, el comportamiento de una persona se ve influenciado por una variedad de factores, incluidas las propias circunstancias del entorno en el que se encuentra la persona en un momento determinado.

El comportamiento de cada persona en un mismo entorno difícilmente cambiará porque las condiciones o circunstancias no difieren mucho de un día an otro.

que an una persona se le cambie el perfil para ese entorno, o que un cambio personal o ambiental tenga un impacto en alguno de los diferentes entornos por los que transita regularmente. Es poco probable que una persona cambie su comportamiento si no se produce un cambio en uno de los entornos por los que transita habitualmente.

Nos comportamos y sentimos de acuerdo con la estabilidad de un ambiente marital apropiado.

Un Observador Competente

Aunque la mayoría de las personas no son científicos profesionales, aún pueden actuar como si fueran y analizar de manera concentrada las peculiaridades que configuran la personalidad de su pareja. Un buen científico es, ante todo, un gran observador.

Es a través de una observación cuidadosa que podemos identificar aspectos significativos de la personalidad de otra persona; esta habilidad es particularmente fascinante en las relaciones de pareja.

La comunicación entre parejas no se basa en un modelo directo de conversación, como "ven aquí, siéntate aquí y hablemos de esto", en la mayoría de las veces. Este modelo directo es menos común que el uso de métodos indirectos.

La mayoría de las veces, la comunicación ocurre de manera indirecta y en silencio.

Nuestra pareja puede estar comunicándose con nosotros en este formato a través de sus acciones, sus movimientos, un cambio de mirada o el tono de su voz, entre muchas otras formas.

Y lo que sucede es que rara vez, o casi nunca, este intento de comunicación pasa desapercibido.

La mayoría de las veces, nuestro cónyuge hace esta comunicación silenciosa de manera involuntaria.

Sin embargo, si estamos atentos, notaremos esta diferencia de comportamiento y nos concentraremos en seguir avanzando en nuestra asociación.

Por otro lado, hay situaciones en las que nuestra pareja utiliza actitudes intencionales para llamar nuestra atención sobre hechos que no estamos percibiendo.

Esta falta de percepción puede arruinar la relación.

En la actualidad, estamos acostumbrados a considerar las situaciones extremadamente caóticas como ocurriendo dentro de los límites normales.

Cuando suceden situaciones extremas donde decenas o cientos de personas son víctimas de manera casi estandarizada, la gente ve esa tragedia solo en los primeros momentos; después de un tiempo y los lamentos habituales, esa situación de caos ya está olvidada; se convirtió en parte de la naturaleza.

La única excepción an esta regla es cuando alguien cercano a nosotros fue una de las víctimas de la catástrofe; entonces realmente podemos conectarnos con la grandeza de ese momento, como un instante que nos trajo sufrimiento y que, a la fuerza, nos conectó con esa realidad.

Esta indiferencia a las cosas anormales no puede estar presente en la convivencia entre parejas.

Cuando todo está ocurriendo dentro de la normalidad, cualquier persona está operando en un patrón emocional y de comportamiento específico.

Su comportamiento, su lenguaje, su expresión e incluso su mirada siguen un patrón que corresponde an esa situación normal. Necesitamos saber tanto como sea posible sobre la persona que comparte su vida con nosotros dentro de unos límites.

No debemos ni debemos obstaculizar sus decisiones, actitudes o acciones, pero sí debemos brindarles todo el apoyo y aliento que necesitan para que sus planes se materialicen.

Nunca se debe interferir en la ejecución de otros; sin embargo, al dividir planes y trabajos, todo debe ser beneficioso para la pareja y la relación en su conjunto.

En consecuencia, es fundamental que hagamos invitaciones discretas y silenciosas a nuestra pareja para que se involucre activamente en nuestro trabajo, proyectos, planes, etc.

Este llamado a la asociación demuestra cuánto valoramos a nuestra pareja como persona. Con este modelo de llamada, le estamos comunicando que lo apreciamos, que valoramos su contribución y que necesitamos sus habilidades además de las nuestras para acelerar los resultados de nuestro trabajo.

No estamos renunciando a nuestra individualidad en este patrón de asociación; en cambio, queremos unir nuestra fuerza a la de la persona que está a nuestro lado. Las parejas se fortalecen y se unen de esta manera.

Ahora volvemos a lo que llamamos estar atentos a los cambios en los patrones de comportamiento de nuestra pareja.

Los cambios de comportamiento pueden ocurrir por muchas razones; pueden ser el resultado de alguna anomalía que ocurrió en un entorno diferente al de la pareja o pueden ser el resultado de algún malestar en la propia relación.

Estos tipos son de corta duración cuando se trata de un trastorno que ha ocurrido o está ocurriendo externamente, normalmente mientras dura el problema que causa la anomalía.

La persona que está en una situación estresante casi siempre habla con su pareja cuando el problema es más complicado y dura más de lo habitual.

Pero cuando ocurre un cambio emocional y de comportamiento como resultado de una divergencia dentro de la esfera conyugal, el cambio puede ser más prolongado.

En esta situación, el equilibrio puede restablecerse por sí solo, o, lo más común, una pareja puede revelar al otro que está notando algo que le está afectando negativamente.

Y esta es la mejor manera de mantener la calidad de la relación de pareja.

En varias ocasiones, hemos observado que hay muchas fallas en las parejas debido a que uno de los cónyuges, a pesar de reconocer algo que le molestaba, prefiere mantener el silencio para evitar una distancia aún mayor.

Las Políticas De Comunicación Del Gobierno Están En Un Proceso De Largo Aliento.

A medida que el gobierno y los movimientos sociales avanzan en la implementación del programa popular que recupere los recursos naturales y las empresas clave para los bolivianos, y se establece un nuevo modelo de Estado con una nueva Constitución, se presentan nuevos frentes de batalla donde los oponentes están claramente posicionados. La comunicación es uno de los aspectos que se encuentran en el contexto de la lucha de clases, sectores sociales, modelos civilizatorios, visiones de país y programas políticos actuales en Bolivia.

De acuerdo con DINACOM, las estrategias de comunicación gubernamentales actuales se basan en el plan nacional de desarrollo creado por el gobierno de Evo Morales. La política número 4 del plan se enfoca en la socialización de la gestión pública, y la comunicación estatal es responsable de producir y difundir información, educación, orientación y análisis para el beneficio de la sociedad.

Las telecomunicaciones, el manejo de las nuevas tecnologías de la información y la comunicación, así como la recuperación, protección y utilización de los conocimientos técnicos ancestrales son cruciales en este momento.

De acuerdo con DINACOM, esta política de comunicación está influenciada por la noción de una Bolivia democrática y productiva, basada en el poder social y la coordinación gubernamental transparente.

Si se considera el nuevo contexto de apertura hacia los sectores populares que nunca antes fueron de interés en el sistema de comunicación establecido por los anteriores gobiernos, ¿qué enfoque de comunicación sustenta esta nueva política?

Primero, un enfoque político que considera los cambios económicos y sociales, la recuperación de los recursos naturales y las empresas estratégicas que ha llevado a cabo el presidente Morales desde su inicio en el cargo el 22 de enero de 2006.

En segundo lugar, un método de enseñanza que se implementa en todas las facetas de la comunicación estatal. La educación como un elemento de empoderamiento y poder. Cuando Evo Morales presentó la red de radios de pueblos originarios en Orinoca, después de seis meses de su mandato, y la red estatal de radios Patria Nueva, en la inauguración de la Asamblea Constituyente, enfatizó que el objetivo de estos medios es la educación. Sin embargo, no se trata de una educación sin contenido, sino de una educación con un alto contenido político-ideológico.

Me gustaría que los medios estatales y las radios comunitarias brinden atención a las personas que no tienen voz... Ahora tendrán la capacidad de expresar los sentimientos, pensamientos y dolores de la mayoría nacional. El presidente dijo el

6 de agosto de 2006 en Sucre que el medio de comunicación serviría para la educación, especialmente, enfatizando el componente fundamental de la política de comunicación: la educación para el empoderamiento social.

Comunicación gubernamental

La Dirección Nacional de Comunicación Social, que es responsable de organizar, sistematizar y llevar a cabo las políticas de comunicación del gobierno, considera características de la comunicación estatal.

que es participativa y respeta los puntos de vista de los ciudadanos con sus propias agendas y formas de comunicación.

Es inclusivo y fomenta la discusión. Promueve políticas de comunicación y crea espacios de lucha y contradicción en la nación y la sociedad.

Es proactiva en lugar de reactiva, conecta las promesas del gobierno con las demandas de los ciudadanos, fomenta el diálogo entre los líderes y los ciudadanos.

La información que produce es comprensible, transparente, explicativa, directa, constante, oportuna y contextualizada.

Además, se afirma que aborda una sola temática desde una perspectiva diferente, pero utiliza una variedad de enfoques: utiliza conferencias de prensa, comunicados oficiales, información adicional, campañas de marketing y seguimiento.

Además, esta comunicación promueve la coherencia institucional y se retroalimenta con las opiniones.

En cuanto a su relación con otros medios de comunicación no estatales, DINACOM coordina con los medios de comunicación: televisión, radio y prensa para difundir publicidad e información generada por el gobierno. Planifica y coordina con cada Ministerio y Viceministerio las acciones y estrategias de comunicación, conferencias de prensa y vocerías técnicas y políticas dentro del gobierno.

En su trabajo con los movimientos sociales, encuentra aliados para el proceso de cambio en el país y colabora con organizaciones campesinas, indígenas originarias, sindicales y vecinales para realizar un trabajo político comunicacional.

El horizonte de posibilidad de la nueva política estatal de comunicación en Bolivia es expresar los "sentimientos y sufrimientos de las mayorías nacionales y empoderarlas socialmente".

Componente Fundamental De La Comunicación

Hay cuatro partes al tender mismo: persona como enviar mensaje, mensaje an enviar, canal o ruta como corsé mensaje del remitente al receptor y mensaje del receptor. Debido a que la comunicación es un proceso en dos dirección o Plomo Volvió, es necesario el componente Volvió durante el proceso. Hay cinco componentes fundamentales de la comunicación: el remitente del mensaje, el mensaje, el canal, el receptor del mensaje y el devolver. Cada elemento se explica conciso.

- El remitente del mensaje

El remitente del mensaje es la persona que lo envió. Si el remitente del mensaje es el cerebro, el mensaje o la información que se envía proviene de él. Pasado porque ese antes de que el remitente envíe el mensaje, si el remitente debe crear el mensaje antes de que se envíe. Crear un mensaje es determinar lo que significa enviar un mensaje porque el código/código significa dos mensajes en uno. Después, ese nuevo enviado por canal.

- Comunicación

El mensaje es la información que se envía a Si receptor. Este mensaje puede ser verbal o no verbal. El mensaje oral se puede escribir en forma de cartas, libros, revistas y PM, mientras que el mensaje pasado oral se puede escribir en forma de conversaciones cara a cara, llamadas telefónicas, radio, etc. Las formas no verbales de mensaje incluyen cola, movimiento del cuerpo, expresión de ventaja y tono de voz.

- Canal de televisión

El canal es un mensaje corsé entre Si remitente y Si receptor. Como plano de comunicación, los canales son ondas de luz y sonido que podemos ver y escuchar. Pero, ¿cómo viajan la luz o el sonido? Puede diferir. Si dos personas hablan entre sí, por ejemplo. En el aire, los frentes de ondas sonoras y luminosas funcionan como canales. Sin embargo, si enviarlo por correo electrónico como enviado, puede ver las letras en la carta porque Onda Light como canal permite nuestro. Ese papel y la escritura solo sirven como medio para transmitir un mensaje presente. Podríamos usar muchas herramientas para el presente mensaje, me gusta Radio, libro, película, televisión, correo electrónico, noticias, pero canal Onda voz y luz es el tema principal. También puede recibir mensajes en esa página a través del olfato, el vocero y el tubo.

- El destinatario del mensaje

El receptor de mensajes es responsable de analizar y interpretar el contenido del mensaje tal como lo recibió.

- DEVOLUTAR

La retroalimentación es una respuesta an un mensaje que se envió como enviado para Si el remitente. El remitente puede saber si el mensaje enviado se interpreta de la misma manera con lo que quiso decir el remitente al darle esta respuesta. Si el receptor significa una comunicación eficaz, el remitente previsto interpretará el mensaje de la misma manera.

El principio fundamental de la comunicación

El principio de la comunicación es fundamental para comprender la verdad. Según Seiler (1988), hay cuatro principios fundamentales de comunicación: un proceso, un sistema, una interacción y una transacción, quiso decir o no destinada. Cada desde el principio se explica en la siguiente.

La comunicación es un proceso.

Debido a que es un proceso, la comunicación siempre cambia. La comunicación tampoco es buena, como detenido por el investigado Según Seiler (1988), la comunicación es más un ambiente agradable porque una variedad de factores complejos y continuos cambiaron.

La comunicación también implica una cierta variación entre sí, un relato complejo que nunca se duplica de ninguna manera exactamente lo mismo, a saber: las relaciones entre las personas, el entorno, las habilidades, las actitudes, el estatus, la experiencia y las emociones. Todo esto determina la comunicación como ocurrir sobre algo durante ciertos períodos de tiempo. Por ejemplo, intente recordar su última relación con alguien. ¿Cómo se estableció esa relación? ¿Fue una coincidencia o me topé con un amigo? ¿O puedes hacerlo por ti mismo? Sin conexión, como ocurrir en el método, como precisión o No hay comunicación como ocurrir un mediador ocurriendo una conexión como exactamente eso.

La comunicación es el sistema.

La comunicación tiene muchos componentes, y cada uno de ellos tiene su trabajo.

Los datos de cada componente están conectados. otra forma de comunicarse. Por ejemplo, el remitente tiene la responsabilidad de determinar qué información o significado se transmite. Después de determinar el significado o la forma en que se enviará la información, se debe convertir la información en código o clave de acuerdo con las normas para que se envíe como mensaje. Por lo tanto, el componente mensaje tiene una relación con el componente remitente. Si el remitente no está codificado correctamente, el significado del mensaje no es adecuado.

La conexión entre el componente del mensaje y el canal, por ejemplo, cuando el mensaje se transmite por vía oral, la onda de sonido actúa como canal y se relaciona con el receptor interno que debe usar su oído para aceptar el mensaje. Es correcto: los otros componentes están conectados entre sí y cuando hay una perturbación en un componente, esto corresponde al proceso de comunicación general.

- Comunicación de personaje, interacción y transacción

El término "interacción" se refiere al intercambio de información entre sí. Por ejemplo, una persona puede hablar a su amiga sobre algo porque su amiga puede escuchar y dar comentarios sobre lo que se ha hablado recientemente sobre ese tema. Esto sucede con frecuencia como un jugador de baloncesto.

En nuestra vida diaria, a menudo no hablamos de manera regular, y muchos de nosotros observamos las ventajas de que alguien que está involucrado en el proceso transmita simultáneamente un mensaje pasado. Me gusta el ejemplo de arriba. EN Expresar donde el personaje habla sobre la transacción. Cuando codificamos un mensaje, también interpretamos el mensaje como si aceptáramos que me gustara en una situación de enseñanza en clase. Entre el maestro y el alumno. Por lo tanto, la comunicación ocurre como Los hombres pueden interactuar y realizar transacciones entre sí.

- La comunicación puede tener lugar de forma intencionada o no intencionada. La comunicación ocurre como intencional Si un mensaje tiene significado y se envía a alguien como quiso, por ejemplo, si un líder envía un mensaje a las cabezas de su parte, el líder lo envía a las cabezas de su parte. Si un mensaje involuntario no fue intencionalmente aceptado por alguien,

La Corrupción De La Comunicación De Acero

El acero es un metal que tiene tendencia a corroerse si no tiene protección adecuada o si su reacción química aumenta la probabilidad de que se corroera.

En algunos casos, se aplica un recubrimiento de zinc para evitar esta situación desagradable en el acero. Este componente evita que el acero se debilite gradualmente cuando se expone an agentes externos como el agua, el oxígeno y el entorno.

Los factores externos como el egoísmo, la arrogancia, la irresponsabilidad, la impuntualidad, la falta de compromiso, la envidia y la maldad también pueden corroer la comunicación de acero. Por lo tanto, la verdad y la lealtad son los métodos anticorrosivos que dan vida an este tipo de comunicación. Valores que no son opcionales y que debemos aplicar constantemente para poder realizar nuestro trabajo de manera efectiva.

La corrosión galvánica ocurre durante la unión.

La corrosión galvánica ocurre cuando dos metales se tocan, como el cobre y el aluminio, en un ambiente húmedo.

En otras palabras, los metales tienen su potencial, pero solo porque son eléctricos y nosotros humanos. Si se construye una base, columna o pilar para un puente que conecta un país con otro y cada uno está hecho de diferentes metales, como plata, cobre, oro y aluminio, la diferencia de potencial hará que el metal con mayor potencial vaya en detrimento del de menor potencial porque no hay un medio controlador. Cada metal pierde sus características hasta que se descompone por completo, lo que resulta en la destrucción del puente.

Muchas empresas reconocen que es común tener problemas de comunicación y emplean a personas muy calificadas en diversas carreras, cada una de las cuales maneja su talento y su potencial a su antojo. Por lo tanto, si no hay un líder que asegure una total sintonía entre los miembros de la organización, no habrá una misión, visión o cumplimiento de políticas compartidas, sino que cada uno se sentirá indispensable a su manera. La empresa fracasará si no toman medidas y capacitación comunicacional.

El pilares esenciales

En ocasiones, el líder de una empresa afirma que los empleados son una parte importante de la organización porque su trabajo diario garantiza el funcionamiento adecuado de la empresa. Si es así, ¿cómo es que esa misma empresa tiene problemas de comunicación?

El líder de esa empresa es inexistente. Si no hay líderes, no hay aliados ni seguidores, lo que resulta en la falta de ayuda y la corrosión. Cuando el trabajador se ve como un aliado en lugar de un asalariado, se convierte en un pilar fundamental de una organización.

Utilizando el tema de la corrosión galvánica como símbolo, identificaremos el origen del deterioro organizacional:

Un puente sobre un lago. Este debe ser elaborado con una apariencia excelente para el público. Pero a su vez debe tener una estructura adecuada para que dure. Debe ser hecho de metales como el oro, la plata, el cobre, el aluminio y el acero.

Digamos que estos componentes son los empleados que componen una organización, cada uno con su propio potencial. Al igual que con un puente, incluso si tiene las mejores intenciones, el puente colapsará si no tiene el material adecuado para conformar su estructura. Todo estará destinado al fracaso si el personal de la empresa no actúa de la misma manera.

Por ser un símbolo de pureza, valor y realeza, el oro no se comunica adecuadamente, ya que su naturaleza es hacer dinero y invertir para ganar. Tiene lo que tiene por su visión y no por información, como siempre.

Debido a que es el metal fundamental del sistema monetario de varias naciones, la plata es considerada inteligente.

Ya estaba incluido en la producción de monedas 700 años antes de Cristo. Este material debe, por encima de todo, hacer que la empresa genere ganancias, independientemente de la política de la empresa.

Considere que estos dos metales tienen características distintas: uno actúa como inversión mientras que el otro sirve como garantía económica. El potencial es diferente en esta actitud, pero aún así vemos a dueños y gerentes al frente de una empresa sin hablar con sus empleados o considerar sus sugerencias porque se pondrían a su nivel y habría otra persona a cargo.

El cobre es un metal oscuro con una excelente conductividad eléctrica y un color y olor distintivos. Este debe cumplir con la producción programada a través de órdenes registradas sin una reunión previa con propietarios o gerentes. Puede tener ideas innovadoras para la empresa, pero no sabe cómo compartirlas. No se le pide su opinión, solo se le pide que las implemente. Esto representa la capacidad del supervisor.

El aluminio, por otro lado, es un metal fácil de manejar y adaptable a lo que le pongan hacer. Puede brillar por su propio trabajo, pero se siente bien como supervisor en lugar de supervisor. Él decide cómo actúa en la empresa, gana su sustento con su trabajo duro y es digno de su salario. Este es el trabajador o trabajador.

El acero, una aleación de hierro y carbono, es capaz de adaptarse a cualquier ambiente siempre y cuando se respeten sus condiciones.

Así como se requieren los elementos antes mencionados para fabricar un tubo que sirva de soporte, una columna o un pilar de un puente para generar una buena apariencia al público, también es cierto que el puente puede tener una vida útil muy corta debido al medio (húmedo) en el que se prestará el servicio. La corrosión galvánica es el término utilizado en la ciencia que estudia los metales.

Lo mismo ocurre en las organizaciones cuando hay un grupo de personas trabajando juntas y no hay mucha comunicación o cada uno trabaja a su manera.

El aspecto atractivo de un puente no garantiza la resistencia ni la satisfacción de una empresa.

El tipo de material utilizado determina la resistencia de un puente a la corrosión en un lago, y la satisfacción del cliente se determina por una buena comunicación y atención.

¿Qué Significa La Comunicación Y Por Qué Es Importante?

El libro Comunicación e información dice que la comunicación es el acto de establecer una relación entre dos o más personas y evocar un significado en común. Para comunicarnos, necesitamos compartir experiencias similares evocables. Y necesitamos significantes comunes para poderlas evocar en común. Aunque uno hable zapoteca y el otro inglés, cuando dos sujetos están juntos y oyen cantar un gallo, pueden evocar su imagen. Necesitamos experiencias compartidas y cuanto más diversas sean, mejor podremos comunicarnos.

La comunicación humana es una necesidad fundamental para la supervivencia. Desde el principio, se ha demostrado la conexión entre los seres humanos, aunque cada uno es distinto, ambos son complementarios. El Libro de Génesis 2:18 dice: "Y dijo Jehová Dios: No es bueno que el hombre esté solo; le haré ayuda idónea para él". Este versículo demuestra que la comunicación está estrechamente relacionada con la condición de los seres sociales, que dependen de la capacidad de interacción y cooperación entre sí para lograr metas.

El análisis de la comunicación frente a su antípoda, la incomunicación, implica una constante búsqueda de contactos y formas de entendimiento; se trata de la lucha por derretir el hielo de la incomunicación que tiende an aislarnos de la sociedad.

La superación de las barreras de la incomunicación es esencial para la supervivencia de la humanidad, ya que implica superar la complejidad del entendimiento, que resulta de múltiples significados para un mismo significante.

Por lo tanto, para comprenderlo es necesario seguir la triada del filósofo Charles Sanders Pierce, donde el objeto representa una realidad, el representamen es el significante y el interpretante es el significante. El esquema pierciano, que parte de la realidad del objeto como referente del significante y el significado, permite identificar las contradicciones que dan vida a la comunicación dentro del proceso de comprensión del conocimiento. Arca (2013)

¿Cuál es la definición de información?

Antonio Paoli cree que hablar de información no es lo mismo que comunicar, aunque parezca lo contrario. "Información" es el conjunto de mecanismos que permiten a las personas retomar los datos de su entorno y estructurarlos de manera que les sirvan como guía para su acción. No es necesario asociar la información con otros temas. Si queremos que la forma de dirigir la acción que diseñé a partir de los datos de mi entorno se difunda, tendré que transmitirlo en términos de los demás para que podamos evocarlo en común y entendernos.

www.ingramcontent.com/pod-product-compliance
Lightning Source LLC
Chambersburg PA
CBHW050239120526
44590CB00016B/2154